ウクライナ・コロナワクチン

報道にみるメディア危機

嶋崎 史崇

本の泉社

目次

※外国語文献の後にその邦訳が列記されている場合、後者も参照して確認しつつ嶋崎が訳しているものである。参照のために邦訳の頁数も明記するが、本書で訳出した内容と邦訳は同じではない。

序章

主要メディアの報道に現れた「半ポスト真実」とはどのような事態か

原発事故と核攻撃もありうる戦争と、コロナ・ワクチン禍という二つの危機の共通点

本書は、一般の人々——当該特定分野の専門家を除くすべての人々——が、態度決定や判断をするための材料を提供するメディア報道が引き起こしたさまざまな問題を、批判的に検討することを主題とする。具体的な題材として取り上げたいのは、二〇二二年二月に（予備知識を十分に持っていない人には）「突如として開始された」（ように見える）ロシアによるウクライナ侵攻と、日本では二〇年初頭から続いている新型コロナウイルス感染症（以下ではコロナと略記）、特に感染症への対抗手段としてのｍＲＮＡワクチンを巡る報道である。欧州の東端において勃発した本格的戦争と、世界規模の感染症の問題。両者は二二年の話題の中心を占めたということ以外に、何ら関係はないように見えるかもしれない。しかし問題意識を研ぎ澄ますと、次のような共通点が浮かび上がってくる。

① ウクライナでの戦争においてはザポリージャ／ザポロジエなどの原発を巡る情勢と核兵器使用の危険性、コロナに対して使われたｍＲＮＡワクチンについては、遺伝子操作による人体への侵襲という形で、共に人類の存続を脅かしうる危機が切迫してい

ること。

② 日本人には一般になじみがなく、現地の言語や事情を詳しく知る人も少ない地域であるか、ウイルス・ワクチン・免疫といった高度に専門的で、「ブラックボックス」になりがちな話題であること。

③ 専門家の間に、実際には複数の有力な見方・解釈が存在するにもかかわらず、片方のみに依拠し、最低限の両論併記すら十分でない一方的な報道が、マスコミにより展開されたこと。最初から結論を決め、それに対して有利な証拠のみを収集して、有力な異論や不都合な事実を「部屋の中のゾウ」であるかの如く、無視・軽視・矮小化して、一方向に突き進む、典型的な確証バイアスの傾向が見られたこと。

④ ユーチューブなどのプラットフォーマーが、各国政府や国際機関の公式見解に反する動画の削除や情報の排除といった露骨な言論介入を伴う「情報戦」をおこなったことで、実質的には世論誘導がおこなわれた疑惑があること。

⑤ 相対的に少数であるが、客観的根拠のある異論を唱える専門家・論者に対して、しばしば「陰謀論者」の汚名が着せられ、しばしば猛烈な中傷とネガティブキャンペーンが展開されたこと(1)。

⑥ 世界経済フォーラム（ＷＥＦ）をはじめとする、主権国家を凌ぐほどの強大な経済

力や影響力を持つとされながら、いかなる民主的正統性も持たない国際組織、大企業、大富豪らが深く関わった案件であること。

メディア、情報流通といった補助線を引くことで、同時代の全く異なるとみられている二つの出来事の共通点が見えてくる、と主張したい。

より抽象度の高い共通点としては、現代の科学技術の特徴が、原子核と細胞核という二つの核への介入に存する、という見解が注目に値する(2)。原発・核兵器を巡るウクライナ危機の深刻さはとてもわかりやすいであろう。それに対して、コロナワクチンが、少なくとも潜在的には、原発事故に匹敵する災厄をもたらしうるという本書の見方は、既存の報道を見ているだけでは、なかなか信じ難いだろう。だが本書第3章で取り上げる具体的な事実と、それに対する分析を見てほしい。巨大製薬会社は米国政府のいわゆる「ワープスピード作戦」によって後押しされ、コロナ発見から僅か一年程度でワクチンを製造した。通例では新薬開発には、日本では九~一七年がかかるとされている(3)。論理的に考えてみるとわかることだが、長期的な副反応に対する治験がおこなわれていないまま米国での「緊急使用許可」や、日本での「特例承認」に踏み切ったという事実が存在する。本書で挙げる数々の実例を見ていただければ、そもそもワクチンの有効性や、短期・中期の副反応や後遺症の検査が十分におこなわれていたかどうかすら、疑わしいことを理解していただけると思う。「ワクチンが短期間で完成するとすれば、それは安全確認を怠った場合」という免疫学者による警告が重く響く(4)。そもそも、厚生労働省によるファイザーおよびモデルナのワクチンの説明では、「本ワクチンは、新しい種類のワクチンのため、これまでに明らかになっていない症状が出る可能性があります」と率直に認められていることも、知っておきたい(5)。製品番号(ロット)ごとのワクチンの成分に大きな差異があると指摘する専門家もおり(6)、あくまで可能性であるから、大多数の人々には、今後も後遺症が出ないことも十分ありうるのだろう。私もそれを切実に願っているが、接種後死亡数や超過死亡などの統計が示す芳しくない傾向には、危機感を覚えている。

本書は結果的にコロナ禍・ワクチン危機の方の記述に力が入ってしまっているが、世界有数の接種率という条件にも拘わらず、見えにくくなっているワクチン禍による潜在的なリスクを警戒するが故である。それに対して、ウクライナでの戦争が世界史的事件であることに疑いはないが、日本はＮＡＴＯ非加盟国としてやや距離があり、私はむしろ第三者的立場から、仲介に努めるべきだと考えている、という側面もある(7)。

私が多くを学んでいる論者らのなかには、ウクライナ危機とコロナ禍・ワクチン危機の両方について批判的に——即ち主要マスコミの論調とは違う仕方で——論じている有識者が少なからず存在する。本論のなかで詳しく言及するが、両問題についてすでに六冊の著書を著している科学史家の寺島隆吉氏、「櫻井ジャーナル」主宰者の調査ジャーナリスト櫻井春彦氏、カトリックのビガノ大司教、国際医学誌「ランセット」編集委員にして世界的な経済学者であるジェフリー・サックス氏らである。本書は、彼らの複眼的問題意識を引き継ぐことに努めている。

それに加えて本書は、イマヌエル・カント、マルティン・ハイデガー、ハンナ・アーレント、ウォルター・リップマン、ジョン・デューイ、イヴァン・イリイチといった思想家らの方法論的・文明論的問題意識や、ジョージ・オーウェルの『一九八四年』をはじめとするサイエンスフィクション作品に表れた先見的知恵にも学んでいる。古今のSF作品に見出されるディストピア的な状況が、現代の日本で実際に部分的には実現していることを、示すべく試みたい。とりわけワクチン禍については、古典である『社会問題としてのワクチン禍』があり、原発事故についての『思想としての3・11』、コロナ禍についての『思想としての新型コロナウイルス禍』はすでに書かれている(8)。それに対して、本書第3章の原発事故との比較を含む考察は、いわば「思想としてのワクチン禍」の試論でもある。メディアや専門家の発信だけでなく、情報の受け手側の行動も含めて、なぜ壮大な不条理劇のような出来事が、国民の大多数を巻き込んで起きるのかという疑問は、時事評論的視点やメディア批評のみによっては、到底説明しきれないと考えられる。このような場合こそ、一見無用とみなされがちな、人文的英知を援用した心理分析や社会分析が求められ、かつ間接的には有用でありうると思われる。かくして本書はいわゆる学術書ではないが、ウクライナ危機・コロナ危機・メディア危機を題材としつつ、人文的問題意識に依拠して社会を分析する研究として、お読みいただければ幸いである。

【注】

（1）一般の報道では、『日経』二〇二二年五月一七日付朝刊の記事「ウクライナ批判の投稿者　ワクチンでも誤情報」のように、両方の問題に共通性を見て取る態度が、単なるネット世論の「ゆがみ」や、まさに「陰謀」論にすぎないとして片づけられることが多い。だが、一見荒唐無稽な陰謀論に見える見方が、実は事実に基づく根拠を伴う場合があることを、本書で示していく。なおウクライナ危機とコロナ禍・ワクチン危機の両方について、「陰謀論者」というレッテルが濫用されてきた、という指摘は寺島隆吉氏がしている。『ウクライナ問題の正体3　8年後にやっと叶えられたドンバス住民の願い』あすなろ社、二〇二二年、二一六～二一七頁。

（2）例えば渡辺格「教育と遺伝」『日本工業教育協会誌』第三〇巻、第四号、一九八二年。私はこの細胞核への介入という契機を拡大解釈して、広く遺伝子一般への介入として捉えていることをお断りしておきたい。

（3）中外製薬ホームページ「くすりを創る」
https://www.chugai-pharm.co.jp/ptn/medicine/create/create001.html

（4）荒川央『コロナワクチンが危険な理由　免疫学者の警告』花伝社、二〇二二年、九九頁。

（5）「ファイザー社の新型コロナワクチンについて」

https://www.mhlw.go.jp/stf/seisakunitsuite/bunya/vaccine_pfizer.html
「モデルナ社の新型コロナワクチンについて」
https://www.mhlw.go.jp/stf/seisakunitsuite/bunya/vaccine_moderna.html

(6)宮沢孝幸「ロット差について：連続講義第三回」二〇二二年一〇月二〇日。
https://www.youtube.com/watch?v=ipIKb4I22LA

(7)ロシアなどの各国大使館を訪問し、当事者らに実際に停戦を働きかけている学者らの試みの紹介として、和田春樹「ウクライナ戦争を止めるための提言」『世界』岩波書店、二〇二二年五月号、七四～七九頁。ただし、ロシアによるウクライナ侵攻も一つの契機として、新「防衛三文書」による膨大な防衛予算増加が正当化され、いわゆる台湾有事に日本が巻き込まれる恐れもあることから、その真相と原因を見極めることが、決して人ごとであるわけではない。多数派有識者の代表ともいえる小泉悠氏による次の発言も参照。「侵攻は国家間の大規模な戦争が起こりうる現実を明らかにした。日本もこうしたシナリオを直視し、必要な自衛力について冷静に議論と備えを進めるべきだ」(『日経』二〇二二年八月二三日付朝刊「ウクライナ侵攻から半年」)。

(8)吉原賢二『私憤から公憤へ　社会問題としてのワクチン禍』岩波書店、一九七五年、河出書房新社編集部編『思想としての3・11』河出書房新社、二〇一一年、河出書房新社編集部編『思想としての新型コロナウイルス禍』河出書房新社、二〇二〇年。コロナ禍への哲学・思想界による応答としては、他に『現代思想　感染／パンデミック』青土社、二〇二〇年五月号、大澤真幸・國分功一郎『コロナ時代の哲学』左右社、二〇二〇年などが挙げられる。

「半ポスト真実」とはどのような事態か

ここで本書にとっての中心的視座である「半ポスト真実」を導入しておこう。そもそも

「ポスト真実」は、二〇一六年にオックスフォード英語辞典によって一年を象徴する言葉として選ばれたものだ。二〇一六年は周知の通り、トランプ米大統領が当選し、英国ではEU離脱の国民投票が可決された歴史的な年だ。同辞典の定義によると、ポスト真実とは、「客観的事実が、世論形成に対して、感情や信念への訴えと比べると影響力を持たなくなった」事態であるとされる(9)。

この定義を換骨奪胎しつつ、本書の「半ポスト真実」を定義すると、次のようになる。まずは大多数のメディアが、本当は専門家の間でも複数の見解が対立する問題について、半面または片面から見た見解を伝え続けることで量的に圧倒し、それに対立する少数だが有力な根拠ある見解・見方があたかも存在しないかのように演出する。そうすることにより、メディアが純然たる嘘をついたり、虚偽情報を捏造したりしているわけでなくとも、両方の見方を知る人から見れば、実像から懸け離れた偏向した言論状況が出現する、という事態を念頭に置いている。とりわけ巨大メディア群が実行している一方的見方の拡散の効果は、大変大きいと思われる。私はその効果について、あえて「メディアスクラム」という既存の言葉に新たな意味を与えることで、特徴付けたくなったほどである。なお、嘘をついているわけではないとは、メディアが依拠するような主張をしている国側や製薬会社の資料や、専門家の言説や論文などが存在していることは事実、といった意味だ。問題なのは、それとは正反対の根拠ある見方があるにもかかわらず、それを軽視・無視することで、両方の見方の比較や吟味を怠ることであろう。本書の主要な目的は、先に挙げたような一見意外な共通項を持つウクライナ危機（第1章）と、コロナ禍・ワクチン危機（第2章）を具体的題材として、こうした半ポスト真実的状況が出現していることを明示することである。また、その結果として、二つの危機がメディアの危機でもあることを指摘したい（第3章）。

こういった状況から得られる教訓は、本書の議論を先取りしておくと、次のようなものだ。即ち我々情報の受け手としては、派手な戦争の映像や、ワクチンの利点ばかりを聞かされ続けて圧倒されそうになりながらも、冷静にその陰で報道されないものは何か、と見えないものを見ようとする洞察力を鍛え上げる必要がある、ということだ。

【注】

（9）Oxford Languages:https://languages.oup.com/word-of-the-year/2016/

専門家の多数派・主流派は判断を誤りうる

すでに挙げたウクライナ危機とコロナ危機の共通点でも言及したが、これらの危機においてはいわゆる専門家が大きな役割を果たしてきた。

「科学に従え」は米国でコロナ対応を——実は極めて問題の多い仕方で——指揮したアンソニー・ファウチ博士の言葉として知られる(10)。この言葉に対しては、科学の解釈は常に複数あり、国家や国際機関が真として認定するものや、専門家の多数派が是とする解釈が常に正しいとは限らないという、論理的にも歴史的にも、本来当たり前の事実を以て応答せねばならないだろう。専門家の多数派・主流派は場合によっては、各種の権力への近さといった要因により、政治的偏向や経済的利害や同調圧力の影響を受け判断を誤り得ること、過去に彼らの見解に従って推進された政策が大規模な破局をもたらした、という事実を想起することは極めて重要だ。多数派が権威を持つのは、学問の世界も政治の世界も同じであろう。だが、多数派・主流派が判断を誤ったからこそ、二〇一一年にレベル7の過酷原発事故が発生し、現在に至るまで、いわゆる故郷喪失を含む放射能汚染による甚大な被害をもたらしているわけだ。原子力学会は謝罪に追い込まれたのに対し、傍流とみなされ嘲笑され続けながらも、原発の危険性に警鐘を鳴らしてきた京都大学の「熊取六人衆」や、故高木仁三郎および原子力資料情報室の人々の先見性が見直されることになった(11)。また、一九七〇年代以降の四つのワクチン薬害訴訟で、自らが主流とみなした専門家の見解に従った政府が連続敗訴したからこそ、ワクチン接種の義務化は解除され、現行の任意接種体制になっていることを忘れてはいけない(12)。七〇年代の集団接種に加えて、MMRワクチン、B型肝炎ワクチン、子宮頸がんワクチン、といった大規模な薬害(またはその濃厚な疑惑)が生じてきた、という現代史の知識は、現状においては必須の教養に属するといえよう(13)。

ウクライナ問題についても、本書で度々引用する専門家である塩原俊彦氏が鋭く指摘するように、専門家の大多数が二〇一四年の「マイダン革命」への米国の関与を無視してきたことで、人々の適切な現実認識が妨げられてきた側面がある。専門家集団の多数派も当然可謬的であるからこそ、専門家や別分野の有識者による少数だが根拠ある異論をメディアが吟味し、判断材料として社会全体に発信していくことが本来不可欠であるはずだ。そのような課題が、現状のメディア報道で十分に遂行されているか、問い直すことが本書の重要課題である。

一般的には、トランプ元大統領やプーチン大統領のような人物が嘘や情報操作により、ポスト真実的状況を招来している、と評されることがある(14)。当然ながらいかなる権力にも嘘や虚構がつきものであり、主要メディアも、部分的にはそれを暴いてきたといえる。けれども、それではその主要メディアの報道には何ら問題はないといえるのか、という問題意識も、私が半ポスト真実という概念を導入する所以の一つである。

特定の見解ばかりが優遇され、それ以外のものが冷遇・排除・中傷される理由には、ポスト真実の定義にも言及されているように――科学・学問的客観性よりもしばしば政治的もしくは時として〝宗教的〟でさえありうる――信念や、経済的な利益関係が関わっていると考えられる。このことは、本書でも特にワクチンの問題に即して具体的に示していく。

本書第１・２章で列挙していくように、ウクライナ政府・軍、またはｍＲＮＡワクチン推進派にとって不利な事実が出てきても、主要メディアではほとんど、あるいは矮小化された仕方でしか報道されず(15)、またネット上に上げられた〝都合の悪い〟動画が削除される事案が頻出している。こういった傾向が世論や人々の判断にどのような影響を与えるかも、考えるに値する課題であろう。

結論的なことを先取り的に述べておこう。自分たちの見立てに反する情報が出てきた場合、メディアとしてなすべきことは、その情報の排斥や無視、軽視ではなく、さらなる取材と検証であり、必要があれば間違いを認めることを躊躇すべきでない、ということだ。なぜなら可謬的存在である人間が進歩するのは、間違いを認めることによってこそ、であろうからだ。陳腐ではあるが、当然のことを常に実践するほど、難しいことはないともいえる。

【注】

(10) Dr.Fauci to Young Scientists:Follow the Science and 'Stay out of Politics', in:*Government Executive*, 2022/9/7.
https://www.govexec.com/management/2022/09/dr-fauci-young-scientists-follow-science-stay-out-politics/376788/
上の記事でファウチ氏は政治から離れるよう要請しているが、エイズウイルスの時以来の彼自身の実態については、次の記事を参照。ウィリアム・エングダール「尋常ならざる医師、アンソニー・ファウチ」『寺島メソッド翻訳ＮＥＷＳ』二〇二〇年四月二五日。
http://tmmethod.blog.fc2.com/blog-entry-398.html
なお『寺島メソッド翻訳ＮＥＷＳ』の記事にはすべて原文へのリンクがはられており、容易に参照することができる。

(11)『産経新聞』二〇一三年三月二八日付「福島原発、学会事故調が中間報告『津波想定超え主因』」。この記事は、学会の事故調査委員会の中間報告が、事故を防げなかったことについて「痛恨の極み」と謝罪した、と伝えている。

(12) こうしたワクチン薬害の簡潔なまとめとして、舘崎正二「歴史に学ぶ17　ワクチン、うちますか？うちませんか？」『月刊むすぶ』六〇四号、二〇二一年五月号、三六～三七頁。また、危機的状況において限られた専門家が「愚かな意思決定」をしがちであることを、「集団浅慮」という概念を用いて解説するのが、次の著作である。吉川肇子『リスクを考える――「専門家まかせ」からの脱却』筑摩書房、二〇二二年、一九〇頁以下。

(13) 野口友康『「犠牲のシステム」としての予防接種施策　日本における予防接種・ワクチン禍の歴史的変遷』明石書店、二〇二二年、第二～三章を参照。

(14) 池澤夏樹「終わりと始まり　トランプ大統領と『事実』　真偽の彼岸に立つ国家」『朝日新聞』二〇一七年三月一日付夕刊。この記事では、トランプ元大統領がロシア寄りであったとされることから、

「トランプーチン」という言葉も出てくる。和泉悠・南山大学准教授は、「ポスト真実」という言葉は使っていないものの、「やつらはネオナチだ」というプーチン大統領の「プロパガンダ」を「分断を引き起こす」ものとして、トランプ元大統領の言説と同類のものとして捉えている。ただし、本書第1章で論じるような、実際に欧米もウクライナの「ネオナチ」を懸念していたといった事実は無視している。「『やつらはネオナチだ』プロパガンダに見るプーチンとトランプの相似」『朝日新聞デジタル』二〇二二年六月一一日。

https://digital.asahi.com/articles/ASQ675D8Q50UPQJ00R.html

(15) ただし本書執筆中にも、コロナワクチンを巡る報道には、少しずつ変化が見られた。二〇二二年一一月に発生した愛知県愛西市におけるオミクロン株BA・5対応ワクチンの接種当日の死亡が、主要新聞や、全国放送の地上波テレビでも、比較的大きく取り上げられたのはその兆しであろう。けれどもこの事件では、現場の医師のアナフィラキシー対応が適切でなかったといった問題に焦点が絞られる傾向があり、コロナワクチンの副反応疑い事例の多さに注目が集まるには至っていない印象を受けている。他には、本書で言うところの主要メディアではないが、日本を代表する週刊誌の一つである『週刊新潮』が二〇二二年一二月から二三年一月に連続で掲載したコロナワクチン「不都合なデータ」特集も、超過死亡や免疫抑制の問題を正面から取り上げるなど、高い本気度を感じさせるものである。

本書で扱う範囲と射程

なお本書で扱う時間的範囲は、基本的には二〇二二年の日本の報道状況であることを、最初にお断りしておきたい。これにはウクライナ侵攻が二二年二月に開始されたという事情があるが、コロナ問題は日本では二〇年から始まっているため、適宜二二年より前の状況にも言及する。また、本書で分析の対象とする「主要メディア」の範囲だが、主として全国紙およびインターネット上の検索で見つかる同系列の情報であることをお断りしておきたい。全国紙は周知の通り読売・朝日・毎日・日本経済・産経であるが、これらに比肩しうる部数を持つブロック紙である『中日新聞』『東京新聞』も吟味の対象に加えたい(16)。テレビについては、元より網羅的に把握することは不可能なので、実際に報道された内容についての論評はおこなうが、特定の出来事をほとんど報道しなかった、という指摘の対象外とする。数多く存在する週刊誌・月刊誌の報道も、無論漏らさず知ることはできないが、部分的に新聞と明白に異なる内容が掲載されることがあるため、掲載された記事についてのは考察の対象にする。また当然だが、報道されなかったことを確認することは、何かが報道されたことを捉えるよりも、遥かに困難である。その為、日々の新聞閲読や、事後のデータベース検索や縮刷版の調査において、個別の記事などの例外の見落としがあることを完全に否定できない。だが私が本書で取り上げるような事柄を、例えば二〇二二年に旧統一教会問題を巡っておこなわれてきたような、一大キャンペーンとして扱った主要新聞や全国放送の地上波のテレビは、なかったように思われる。新聞と民放が同じ傾向になりがちであることは、前者が後者の株主である場合が多い日本では、ごく自然なことであろう。

なお本書では、半ポスト真実的状況の説明との関連で、メディア批判が中心的課題となる。

しかし私は、民主主義社会におけるメディアの役割を重視しており、期待するからこその厳しい批判であることをご理解いただきたい。第4章では、個別の報道事例から得られる教訓を踏まえて、次のような建設的改善策も提案する。即ち、出来事の両方の当事者の話を聞く必要性や、経路依存を回避してできるだけ早く方向転換をすることの意義、まずもって問題の当事者になることを避け傍観者に留まる必要性、ドイツの政治教育の原理である「ボイテルスバッハ合意」をメディア報道に応用する試み、などである。最後に、現在のような危機の時代にあって、情報の受け手である私たち個人が、いかにして「情報戦」時代を生き抜くことができるか、ということも考えてみたい。

本書は、特に日本では一億人以上（二回接種者の人数）が当事者になっているワクチン問題について、まさに「平和ではなく剣」、即ち著しい困惑と分断、不快感をもたらす内容になっていると自覚している(17)。けれども、本書は決して「上から目線」で〝だまされた〟人々を糾弾することが目的ではない。私自身、ウクライナ問題については二〇一四年から戦争勃発まで、表面上の報道の内容を疑うことは些かもなかった。さらにコロナワクチンについても、特に詳しく調べることなく、二回の接種を経験した。その意味では、本書は私自身の自戒と反省、当事者的自己批判も込めた内容になっていると記しておきたい。

なお、本書では、出典情報や追加情報を示すため、多くの注釈を付けた。ただし、注釈なしでも本文を理解できるように執筆することを心掛けており、注釈は飛ばしていただいても構わない。多くのネット上の情報を典拠としているが、私のresearchmapにＵＲＬを載せておいたので、活用していただきたい(18)。追加の資料も盛り込んでいくつもりだ。また、重要な資料については、私はリンク切れに備えてダウンロードまたは印刷して保存している。ぜひ見たい方は、本書末尾のメールアドレスにご連絡を入れてほしい。

【注】

(16) 全国紙の紙面は、東京版を参照している。なお、無数に存在する地方紙を分析対象とすることはできない。しかし私が知る限り、ウクライナ情勢について、紛争調停者として名高い伊勢崎賢治氏らを援用しつつ、主要メディアとは全く異なる論調の議論を展開しているのが、山口県の地方紙である『長周新聞』である。いち早くオリバー・ストーン氏の『ウクライナ・オン・ファイヤー』に言及し、果敢なプラットフォーマー（ＧＡＦＡＭ）批判を展開した記事として、次を参照。「消される『ウクライナ・オン・ファイヤー』」二〇二二年三月二三日。
https://www.chosyu-journal.jp/column/23047
また、ワクチンの深刻な問題点について積極的に取り上げている地方紙としては、東北地方のブロック紙『河北新報』が挙げられる。例えば「ワクチン接種三日後に死亡　宮城・男性の妻『実態究明を』国に訴え　遺族会結成、訴訟も検討」二〇二二年一一月二七日。
https://kahoku.news/articles/20221126khn000027.html

(17) 聖書『マタイによる福音書』第10章第34節、日本聖書協会、一九八〇年。

(18) 以下の「資料公開」欄を参照。https://researchmap.jp/fshimazaki

第1章

ウクライナ危機を巡る報道において現れた半ポスト真実的状況

ウクライナの西部・中部はウクライナ語を母語とする住民が多く、東部（ルガンスク・ドネツク州を含むドンバス地方など）と南部（クリミア自治共和国など）では、ロシア語を母語とする住民が相対的に多いことを示す二〇〇一年の国勢調査に基づく地図（図1）。この記事によると、〇一年当時、ロシア語を母語とする住民は全人口の三〇％だった。

本章では、ウクライナ危機を巡る報道を題材として、日本の主要メディアによる報道の問題点を指摘し、半ポスト真実という状況の内実を例示することを目指す。

図1
How Sharply Divided is Ukraine, Really? Honest Maps of Language and Elections, in: *Political Geography Now*, 2014/3/8.
https://www.polgeonow.com/2014/03/ukraine-divisions-election-language.html
（この地図の無料使用を許可していただいた、作成者のEvan Centanniさんに感謝します。）

日本の主要メディアの欧米メディアに対するメディアリテラシーを問う

ウクライナ情勢を巡る報道ほど、特に欧米メディアに対する日本メディアのメディアリテラシーが問われた問題はないかもしれない。沖縄の米軍基地の県外移設という政治的タブーに挑戦して退陣に追い込まれた鳩山友紀夫(由紀夫)元首相が、『もう一つのアメリカ史』を制作したオリバー・ストーン監督らとの共著で披露した発言が、今こそ参考になる。具体的には、日本で「私たちが見聞きする情報は米国のフィルターを通したものが多い」と端的に警告していた(19)。

本章の初めにお断りしておきたいのは、私自身、日本社会に広く浸透している「戦争反対」の声に賛同していることである。ただ現行の戦争を停戦に持ち込み、今後の戦争を防止するためには、戦争を引き起こした原因や構造、複雑な現地事情を深く知った上で対処しなければいけない、と考えている。

【注】

(19) 鳩山友紀夫、オリバー・ストーン、ピーター・カズニック、木村朗『もうひとつの日米戦後史』詩想社、二〇二〇年、三一～四頁。

第1節 オリバー・ストーン氏の『ウクライナ・オン・ファイヤー』『リヴィーリング・ウクライナ』の削除・排除問題と、革命・内戦・戦争の因果関係の考察

私がウクライナ情勢を巡る情報流通について異常事態が発生していることに気付いたきっかけは、次のような次第だった。即ち、かの米国を代表する映画監督であるストーン氏プロデュースによる『ウクライナ・オン・ファイヤー』が、ユーチューブをはじめとする複数の有力動画配信サイトで、執拗に削除された問題の考察に取り組んだことである。『ウクライナ・オン・ファイヤー』の続編たる『リヴィーリング・ウクライナ』(仮邦題『乗っ取られたウクライナ』)は、ユーチューブでは、通常の検索では見つからない状態に置かれている(20)。ストーン氏自身、二〇一四年のウクライナでの政変を米国主導のクーデターとして描き出したため、「陰謀論者」といった中傷を受けている。最近邦訳が出たフランス人研究者による著書も、やはりクーデター説を「陰謀論」として一蹴している(21)。ストーン氏の作品の内容の紹介および検証、削除・排除問題への批判的考察は、拙論をご参照いただきたい、または作品自体をご鑑賞いただきたい(22)。

「クーデター支援」というと、いかにも荒唐無稽に聞こえるかもしれない。だが米国に

は、最も有名な事例として、一九七三年に正当な選挙によって選ばれたチリのアジェンデ政権を、ピノチェト派の軍事勢力を支援して転覆した過去があることを思い起こしておこう(23)。それどころか一九四七〜八九年に中南米などで七〇に及ぶクーデターを直接・間接に手掛け、クーデターの「無敵の専門家」といった不名誉な評価すらある(24)。ウクライナのクーデターで放逐されたヤヌコヴィッチ政権が、腐敗の問題などで評判が悪かったことは承知しているが、だからといって正規の手続きを踏まずに打倒してよいわけではあるまい。

ウクライナでの戦争について、日本のメディアでこれまで主流となってきた見方は、次のようなものであると私は考える。即ち、「ロシアは、旧ソ連圏もしくはロシア帝国復活といった野心に基づき、隣国ウクライナを侵略し、NATO諸国は後者の独立と民主主義を守るための大義ある戦いを正当にも支援している」というものだろう(25)。ロシア軍がウクライナ領土内で武力行使をしており、多くの犠牲者が出ていることは紛れもない事実であり、それを侵略とみなす見方に、正当性があるのは自明であろう。二〇二二年九月に、ウクライナ南部と東部においておこなわれたロシアへの併合を巡る住民投票も、結果的には、停戦を妨げる効果があると私は懸念している(26)。ロシア側に大国としての思い上がりがあることや、プーチン大統領にウクライナ民族の独自性を尊重しない傲岸さが認められることも確かだと思う(27)。

こういった事実や見方がある一方で、戦争の背景や原因、それを引き起こすに至った構造までは、主要メディアによって十分に分析されていないのではないか。「ロシアによるウクライナ侵略」という表に出ている現象を見ることを超えて、問題の本質、つまりはそれを引き起こした構造や背景にも視線を向けるべきだと考える。

【注】

(20) 本書執筆時点では、以下で視聴できる。https://www.youtube.com/watch?v=1yUQKLiIoFA なお、グーグルの動画検索では、容易に発見できた。

(21) アレクサンドラ・グージョン、鳥取絹子訳『ウクライナ現代史　独立後三〇年とロシア侵攻』河出書房新社、二〇二二年、第3章、特に「マイダン革命は西側が支援したファシストのクーデター」なのか。

(22)「映画に学ぶウクライナ侵攻の前史　特に『ウクライナ・オン・ファイヤー』と『リヴィーリング・ウクライナ』を巡って」(『人文×社会』第六号、二〇二二年六月、四九〜八六頁)を参照。
https://jinbunxshakai.org/journal_06.html
ただしこの原稿を執筆した際は、クーデター説について、知識不足により私はまだ慎重な態度を取っていたが、現時点では、はっきりと肯定するようになったとお断りしておきたい。

(23) それどころか、米国防総省が一〇〇以上の外国軍隊を訓練してクーデターを支援した、という事実を暴露した米国の有力誌『ネーション』の記事を参照。
Nick Turse, 'The Pentagon Has a Small Coup Problem'. in : *The Nation* 2017/8/2.
https://www.thenation.com/article/archive/the-pentagon-has-a-small-coup-problem/

(24) マウリツィオ・ラッツァラート、杉村昌昭訳「ウクライナ戦争の背景」『現代思想』二〇二二年六月臨時増刊号、二八五～二九八頁。
(25) 例えば『日経』二〇二二年四月二二日付朝刊は、「民主主義対専制」というバイデン大統領の見方に賛同する呉軍華・日本総研上席理事の記事を掲載している（「ウクライナ危機が試す民主主義」）。「ソ連崩壊が『トラウマ』（心的外傷）となっているプーチン氏は、帝国再興を妄想しウクライナ侵略を強行中だ」とまで言い切る新聞もあった（『東京新聞』二〇二二年九月二日付朝刊「民主主義こそ　ロシア永遠の課題　ゴルバチョフ氏死去　プーチン政権の侵攻で台無しに」）。確かにプーチン氏が自らをピョートル大帝に準えたという報道もあり、こういった見方が出るのは自然でもあろう。だが問題はそういった一方的な見方だけで複雑な現実を十分に読み解けるのか、ということであろう。
(26) ただしこの住民投票については、欧米出身の独立系ジャーナリストの現地取材報告に基づき、フランス、ラトビアなどのＮＡＴＯ加盟国出身者を含む外国人監視団の下、公平におこなわれた、という異論があることを知っておきたい（寺島隆吉『ウクライナ問題の正体３』あすなろ社、二〇二二年、第八～九章）。根拠としては、次の動画付きの記事が挙げられている。'Kiev's Bloody Attempts to Disrupt the Referenda', in:*Internationalist*, 2022/9/24
https://libya360.wordpress.com/2022/09/24/kievs-bloody-attempts-to-disrupt-the-referenda/
(27) こうした態度は、「ウクライナの真の主権は、ロシアとの連携においてのみ可能である」というプーチン氏本人の論考にも見て取れるといえる。Article by Vladimir Putin "On the Historical Unity of Russians and Ukrainians", 2021/7/12.　http://en.kremlin.ru/events/president/news/66181

戦争の原因としてのクーデターと内戦

米国は二〇一四年にウクライナで起こったマイダン革命に深く加担しており、欧米も「ネオナチ」と呼んで懸念していた過激なナショナリストたちを扇動して、実は欧米とロシアの間で均衡を保とうとしていた当時のウクライナのヤヌコヴィッチ政権を暴力的に打倒し、〝力による一方的現状変更〟を断行した[28]。それに対してロシア系住民が多い東部ドンバス地方の住民たちが反旗を翻したところ、ウクライナ政府が「対テロ作戦」と称した攻撃を始めた。NATO軍が支援したウクライナ軍とロシア軍が支援したドンバス地方の武装組織との事実上の「代理戦争」では、国連も認めている通り、ドンバスの民間人だけで三〇〇〇人以上が犠牲になった[29]。スイスの著名な軍事専門家であるジャック・ボー氏の分析によると、二二年二月一六日ごろからは、安保理決議にもなった停戦協定である二〇一五年の第二次ミンスク合意に違反したドンバスへの猛攻撃が、ウクライナ軍から始められたとされる[30](図2)。バイデン大統領は、こうしたウクライナ軍による挑発またはドンバスへの先制攻撃がおこなわれているのを知った上で、ロシアによる侵攻開始を「警告」していた、という見方が示される。この突発的攻撃が、ロシア軍が開戦せざるをえなくなったこととの直接的原因だ、とボー氏が推測していることも重要だ[31]。ロシアによる「国連憲章違反」の攻撃を批判することに正当性はあるだろう。だが、それに先行する同じ国連の報告書や、安保理決議無視がほとんど話題にならなかったのはなぜなのか。それは、著しい二重基準でないのか、と問い直す必要があるだろう。マイダン革命・クリミア

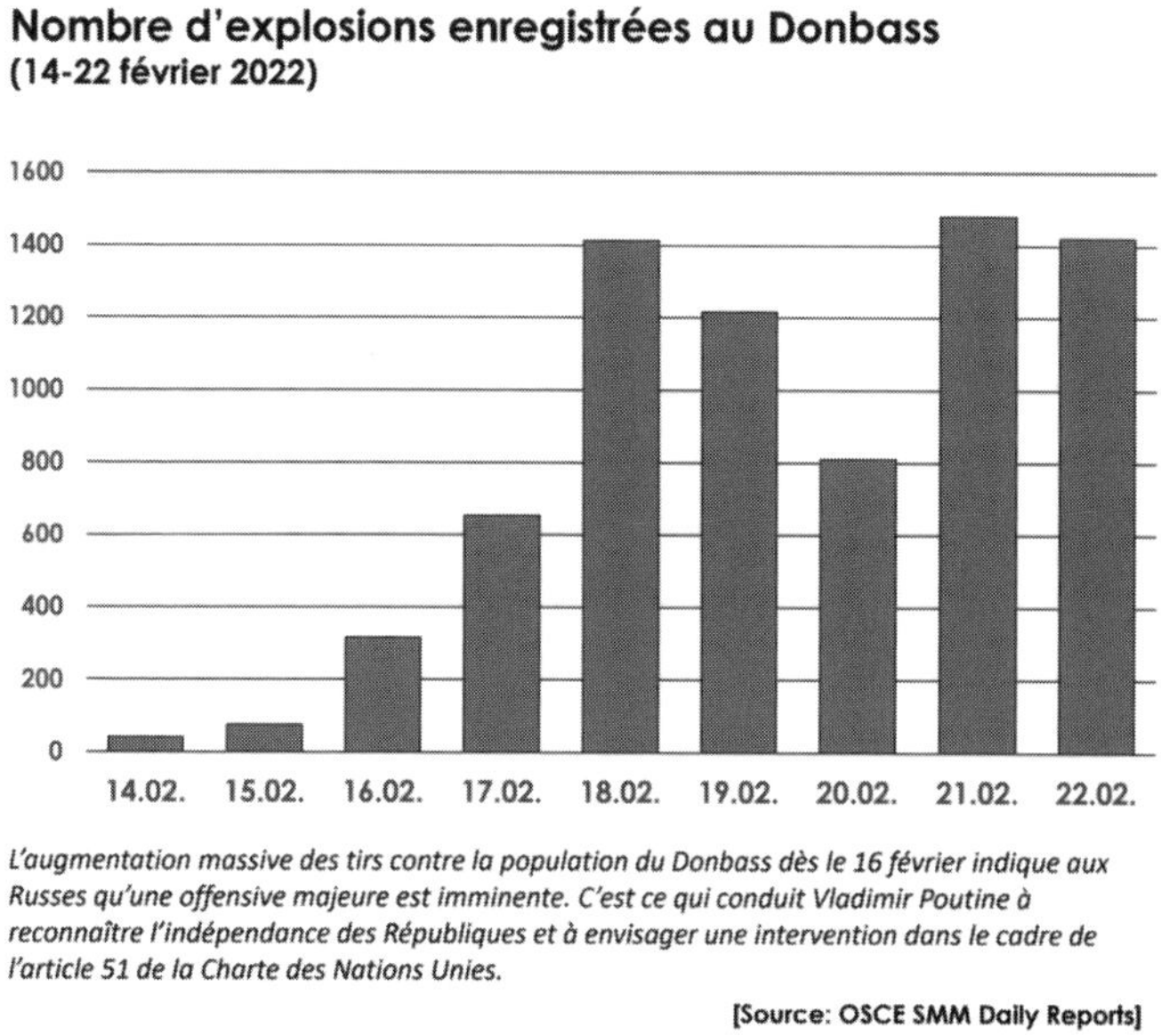

L'augmentation massive des tirs contre la population du Donbass dès le 16 février indique aux Russes qu'une offensive majeure est imminente. C'est ce qui conduit Vladimir Poutine à reconnaître l'indépendance des Républiques et à envisager une intervention dans le cadre de l'article 51 de la Charte des Nations Unies.
[Source: OSCE SMM Daily Reports]

図2
Baud,J.,La situation militaire en Ukraine,dans:*BULLETIN DE DOCUMENTATION* N° 27.2022/3.
https://cf2r.org/documentation/la-situation-militaire-en-ukraine/

先に言及したジャック・ボー氏が作成したＯＳＣＥ資料を再現したグラフ「ドンバスで記録された爆発の数」であり、確かに2月16日から、攻撃が増えていることが窺える。フランス語の説明を翻訳しておこう。「2月16日以来のドンバスの住民への砲撃の大規模な増加は、ロシア人にとって、大攻勢が差し迫っていることを意味する。このことが、ウラジーミル・プーチンをして、両共和国の独立を承認し、国連憲章第51条の枠内での介入を考えることへと導いた」。

併合の直後には、「テロとの戦い」で「殺されたのは果たしてテロリストであったのでしょうか」、と冷静に指摘した著名ロシア文学者の声が聞かれたのは、今から振り返ると感慨深い(32)。ヤヌコヴィッチ政権の支持者から見れば、自分たちが正当に選んだ政府を暴力的に転覆し、抗議したところ同国民である自分たちに対して文字通りの攻撃を仕掛けてきた人々こそ、「テロリスト」の名前に値する、ということになるのではないか。こうした八年間に及ぶ介入と内戦の歴史があって初めて、ロシアによるウクライナ侵攻は、いわば〝反撃〟と「保護する責任」を果たすために始められた要素がある、という米国の法学者による主張を、少なくとも検討すべきだろう(33)。

ただし私は、保護する責任を掲げて戦争をやることは法的に正当だ、と認めているわけではない(34)。ドンバスの両人民共和国が「国家」であるかどうかについては、議論の余地がある。国際法上、どの勢力を国と認めるかどうかは各国が個別に決められるものであり、現に台湾を認める国は一〇ヵ国ほどある、という指摘は重要だ(35)。他方で、国連憲章第五一条が想定する集団的自衛権行使の主体は国連加盟国なので、ロシアが主張する集団的自衛権による正当化は困難であろう。そうではなくて、保護する責任の要素がある場合、国際法とは別の次元で、純然たる侵略戦争とは異なる位置付けをする必要性がある、と私は指摘したい。戦争一般を正当化するつもりはない。だが、湾岸戦争開戦に当たって捏造された「ナイラ証言」事件をきっかけとした、見せかけの人道介入戦争と比べて、どちらがましで、掲げる〝大義〟に相対的に実態が伴っているのか、といった冷徹な視点も求められている、ということだ。

なおミンスク合意については、本書執筆中に、仲介に関与していたドイツのアンゲラ・メルケル元首相が、ウクライナに軍事力増強の余裕を与えるための時間稼ぎだったと告白した、という驚きのニュースが飛び込んできた(36)。『毎日新聞』はこのニュースについて、目立たないながらも二〇二二年一二月一一日付朝刊で取り上げており、プーチン大統領の反発も伝えている(37)。いずれにせよ、こういった自らも責任があるはずの停戦合意を蔑ろにしたといえる西側指導者の不誠実な態度は、日本ではまだ十分に知られていないように思われる。

ウクライナでの〝戦争〟――つまり内戦という形での同国民同士の悲惨な殺し合い、もしくは戦闘は――、事実上（de facto）はマイダン革命が起こった二〇一四年に始まっていた。ウクライナはドンバスなどの親ロシア派住民を大規模に殺害したからロシア軍が攻めてきた――つまり国際法上（de jure）または国家間の戦争が誘発された――、といった少数民族問題専門家による指摘を真剣に吟味すべきであろう(38)。

このうち、複雑な多民族国家であるウクライナの歴史と実態を踏まえつつ、マイダン革命（クーデター）支持者への資金提供、活動家に対する訓練、有力政治家による革命勢力への応援、革命成功後の政権の即座の正式承認といったさまざまな形で米国が関与していたことを、欧米側の資料を中心とする確固たる証拠に基づいて暴露したのが、ストーン氏の作品である(39)。

もちろん、米国がクーデターを支援したことでウクライナの主権を侵害した事実や、その後内戦が勃発して多くのロシア系住民が犠牲になった事実それ自体が、ロシアが起こした戦争を法的に正当化する、と言いたいわけではない。法的な正当化とは概念的に区別して、これらの出来事が、時間的に戦争に先立って起きたことから、ドンバスの住民を同胞と見なすロシアへの重大な挑発行為として作用し、内戦の八年間を経て、ついにロシアが戦争を始める政治的な原因または動機付けとなった、と見るべきではないか(40)。

世上で盛んに言われるように、プーチン大統領は、「自民族中心」で「大ロシア主義的」な傾向がある人物なのかもしれない。だがそれならば尚更、なぜウクライナ政府が、既に言及したような挑発行為を繰り返すことを、米国は容認し、あまつさえ支援したのか。同様に当時のゴルバチョフ・ソ連大統領に対する「約束」に反して断行されたNATOの東方拡大も、今回の戦争を法的に正当化するわけではないだろうが、一つの原因になったと推測することはできるだろう。このNATO東方拡大を重視し、モンロー主義の概念も参照しながら、米国の責任を強く問いただすのが、「攻撃的リアリズム」の泰斗として知られるジョン・ミアシャイマー氏である(41)。

私は国際法を無視するつもりはないが、そもそも国際政治が国際法だけで動いているわけではないという事実を認める必要があるだろう(42)。そもそもソ連・ロシアどころではない規模と頻度で、世界中で攻撃的戦争や武力行使、政権転覆を重ね、国際法の権威を失墜させてきた米国の現代史を振り返ってみてほしい(43)。従って、直接戦争を起こしたロシア側を批判するのは当然だとしても、その原因をつくった人々への批判も、空虚な建前としてではなく、本気で平和を追求する上では、欠かせないといえる。

また、本書の以下の論述でも示していくように、日本における情報流通は欧米寄りのバイアスがかかりがちである。良くも悪くも、中国と共に米国の覇権に従わない勢力の代表格であるロシアに対しては、特にその傾向がある。そのため、ロシア側を批判すること自体は正当であろうが、こうした欧米メディアのフィルターを取り除き、実像に即したものにしないと、不当で無効なものになりかねない、と注意する必要があるだろう。

【注】

(28) 上記のストーン氏の作品の他、マイダン革命の真相に関して日本語で読める専門家による最も詳細な文献として、塩原俊彦『ウクライナ・ゲート　危機の本質』（二〇一四年、電子版）、『ウクライナ２・

0　地政学・通貨・ロビイスト』（社会評論社、二〇一五年）を参照。

(29) OHCHR Report on the human right situation in Ukraineによれば、正確には二〇一一年八月〜二二年一月に、内戦により三一〇七人の民間人が犠牲になり、負傷者は七〇〇〇人と推計されている。
https://www.ohchr.org/sites/default/files/2022-03/33rdReportUkraine-en.pdf
こうした「代理戦争」の視点を最も堂々と打ち出す専門研究者による著作として、塩原俊彦『ウクライナ3・0米国・NATOの代理戦争の裏側』（社会評論社、二〇二二年）が挙げられる。

(30) IWJ号外第二〇弾、「ジャック・ボー氏が『ウクライナで起こっていること』について明確で合理的に説明!!『西側はロシアの介入を違法と思わせるため、二月一六日に戦争が始まった事実を意図的に隠蔽した』!〜第二部・戦争」二〇二二年四月一七日。
https://iwj.co.jp/wj/member/archives/504829

(31) 大崎巌「ロシアより先に戦争を始めたのは米国とウクライナの可能性」（JBpress、二〇二二年一一月二三日）も参照。https://jbpress.ismedia.jp/articles/-/72795

(32) 亀山郁夫「ロシアはどこへ向かうか」『現代思想』青土社、二〇一四年七月号、二八〜三七頁。

(33) ダン・コヴァリク「ロシアのウクライナ介入が国際法上、合法である理由」『寺島メソッド翻訳NEWS』二〇二二年四月二七日。http://tmmethod.blog.fc2.com/blog-entry-895.html?sp

(34) 純粋に国際法的には、保護する責任を掲げて戦争を始めることが許されないという見解については、山形英郎「国際法からみたロシアのウクライナ侵攻」（『経済』新日本出版社、二〇二二年八月号、三一〜四二頁）を参照。

(35) 大西広『ウクライナ戦争と分断される世界』本の泉社、二〇二二年、一九頁。

(36) Zeit Online, Angela Merkel:"Hatten Sie gedacht,ich komme mit Pferdeschwanz?" ,2022/12/7.
https://www.zeit.de/2022/51/angela-merkel-russland-fluechtlingskrise-bundeskanzler
この発言を深読みし、当時のバイデン副大統領や、ヌーランド国務次官補ら米国の政策担当者らが、当時の調停活動を妨げる「大きな力」として機能したことを示唆するものとして解読するのが、次の論考である。塩原俊彦「メルケル発言の真意：紛争・戦争を望んだ『ネオコン』の存在」『ＩＳＦ独立言論フォーラム』二〇二二年一二月二二日。
https://isfweb.org/post-12515/

(37)「メルケル氏『ミンスク合意は時間稼ぎ狙い』プーチン氏反発『西側への信頼ゼロ』」。

(38)この主張については、大西広『ウクライナ戦争と分断される世界』(本の泉社、二〇二二年、二〇〜二三頁)を参照。大西氏がこの戦争の直接的原因をまさに「少数民族問題」つまり「ロシア系住民（ロシア人)」への「抑圧問題」として捉えていることは注目に値する（同書、三八頁)。

(39)米国によるウクライナのクーデター支援の決定的証拠となる重要な資料を、一つ紹介しておこう。当時のヴィクトリア・ヌーランド国務次官補が、ジェフリー・パイエット駐ウクライナ大使と交わした通話が盗聴され暴露された。そのなかで、バイデン政権では国務次官になったヌーランド氏が、何と政権交代後のウクライナの閣僚の「人事」について相談し、しかもその後概ねその通りになった、という驚愕すべき内容である。当時のＢＢＣもこの通話の書き起こしを公開している。Ukraine crisis: Transcript of leaked Nuland-Pyatt call, 2014/2/7.
https://www.bbc.com/news/world-europe-26079957

(40)ロシアが起こした戦争という結果のみを捉える「帰結主義」として批判し、原因や過程も踏まえて考察する「非帰結主義」の立場を取る専門研究者による著作が、塩原俊彦『復讐としてのウクライナ戦争』(社会評論社、二〇二二年)である。

(41)「この戦争の最大の勝者は中国だ」『文芸春秋』二〇二二年六月号、一四六〜一五七頁。ミアシャイマー氏は、ＮＡＴＯ東方拡大はロシアという熊の目を棒でつつくような行為だったと指摘している。なおＮＡＴＯ不拡大に関する約束など全くなかったと主張する論者もいるが、実際には以下のゴルバチョフ大統領と米国のベーカー国務長官の会話記録に、明確に記録されている。
National Security Archive:
Memorandum of conversation between Mikhail Gorbachev and James Baker in Moscow.

https://nsarchive.gwu.edu/document/16116-document-05-memorandum-conversation-between
米政府と関係が深いランド研究所が二〇一九年に公開した報告書Overextending and Unbalancing Russiaにおいて、「ウクライナに致死的な兵器を含む支援（lethal aid）を提供することは、ロシアの外在的な脆弱性の最も大きな点を利用することになる」と堂々と認めていることは、極めて重要である（p.4）。
https://www.rand.org/content/dam/rand/pubs/research_briefs/RB10000/RB10014/RAND_RB10014.pdf

(42) それと同時に、国際法は普遍性を掲げているが、実は英米のような「覇権国が押し付けたルール」に他ならない、といった冷めた視点も必要であろう（塩原俊彦『ウクライナ2・0』三三六頁）。

(43) スイス出身の政治学者であるダニエル・ガンザー氏は、一九五三年のイラン、五四年のグアテマラ、六一年のキューバ、六四年のベトナム、八一年のニカラグア、九九年のセルビア、二〇〇一年のアフガニスタン、〇三年のイラク、一一年のリビア、一五年のイラクに対する米国・NATOの「戦争」もしくはクーデター支援が、すべて国際法違反の武力行使だったと断定している。米国が支援したウクライナでの一四年の政権転覆事件も、こうした広い意味での「違法な戦争」の流れに位置付けられていることは、本書の見方にとっても示唆的だ。Daniele Ganser, *Illegale Kriege*, Verlag fifty-fifty, 2016, bes. Kap. 15: Der illegale Krieg gegen die Ukraine 2014.

なぜストーン氏のウクライナ作品は排除されるのか

『ウクライナ・オン・ファイヤー』とは対照的な内容のものとして、同じマイダン革命を親欧米派の視点から、自由主義的な市民革命として描写したネットフリックス作品『ウィンター・オン・ファイヤー　ウクライナ　自由への戦い』がある。こちらの作品は日本も含め世界各国で好評を博しており、グーグルも『ウクライナ・オン・ファイヤー』で検索すると『ウィンター・オン・ファイヤー』が上に表示される奇妙なアルゴリズム設定になっている。それに対して『ウクライナ・オン・ファイヤー』が主要メディアで取り上げられることは管見の限りないようであり、概ねタブーとなっているもようである。同じストーン作品で米国の国ぐるみの不正を告発した『スノーデン』は日本でも劇場公開され、プーチン大統領の実像に迫った長大な記録映画『オリバー・ストーン・オン・プーチン』はアマゾンで配信され、二〇一八年にＮＨＫＢＳ１で放送されたこともある[44]。にもかかわらず、同じストーン氏のプロデュース・出演による世界中が注目する戦争についての予備知識を提供する作品は、なぜこれほどまでに排除されるのか、考えるに値するであろう。

　私見では、クーデターなくしてドンバスの住民らによる抗議と独立宣言はなく、独立宣言がなければウクライナ軍の攻撃による内戦勃発もなく、内戦がなければ今回のロシア軍による介入戦争もなかったのでは、と推論できる不都合な連鎖的因果関係がある。そのため、これら一連の出来事の発端となったクーデター説が存在すること自体が許されないのではないか、と私は推測している。振り返ってみれば、マイダン革命に対するロシアの〝反撃〟としておこなわれた側面があるクリミア併合ばかりに焦点が当たり、マイダン革命自体の正統性を根底から疑うことを怠ったことこそ、現在のウクライナ危機を巡る半ポスト真実的報道状況の原点だった、といえるのではないか(45)。

【注】

(44)このインタビュー作品は長大だが、土方奈美訳『オリバー・ストーン オン プーチン』(文藝春秋、二〇一八年)にまとめられている。腐敗や暗殺の疑惑等、プーチン大統領に批判されるべき強権的・暴力的・反民主主義的姿勢が目立つのは確かだろう(塩原俊彦『プーチン3・0 殺戮と破壊への衝動 ウクライナ戦争はなぜ勃発したか』、特に第2章「プーチンを解剖する」社会評論社、二〇二二年を参照)。だがこのインタビューで語られているように、ロシアに亡命したエドワード・スノーデン氏を保護する理由、NATOがロシアを外敵として必要とするという見解、ロシアから見た米国が支援した「クーデター」としてのマイダン革命など、彼の見方を知って、事実に基づいて是々非々で評価することこそ大事であろう。

(45)塩原俊彦氏は、クリミア併合だけを非難していた当時の日本の論調を批判し、米国が扇動して起こしたマイダン革命がロシアに対する実質的「先制攻撃」として働いたことを強調している(『ウクライナ2・0』社会評論社、二〇二二年、特に一〜二頁)。また、クリミア併合を、同じく中央政府の許可なしで実行されたコソボ独立と併せて考えるべきだ、と指摘するのが、次の文献である。高野孟「プーチン=悪者論で済ませていいのか?――ウクライナ/クリミア争乱の深層」東アジア共同体研究所編、『ウクライナ危機の実相と日露関係』花伝社、二〇一五年、第4章。

第2節　ドンバスの親ロシア派住民と内戦の無視・軽視および「難民」の問題

内戦とは自国政府に人々が殺される「自国民への戦争」である

私が最も気になっていることは、この戦争においても大きな役割を果たし、二〇一四年以来での内戦では被害者としての側面も色濃いドンバスの親ロシア派の人々の本音に迫るような報道が、日本では比較的少ないことである。ウクライナの背後に米国を中心とするNATOが控えているように(46)、ロシアの傍らにはドンバスの親ロシア派の人々がいる。「我々西側のメディアが意図的に無視していることだが、ウクライナにおける戦闘行為の大部分はドンバス民兵がおこなっていることである」といったスイスの軍事専門家、ジャック・ボー氏による分析があることも知っておきたい(47)。

ロシア専門の政治学者である大崎巌氏が、「二〇二二・二四前に西側メディアの多くは、一〇〜一五万のロシア軍がウクライナとの国境周辺にいると報道し続けたが、二・一六から約一二万のウクライナ軍と四万〜四・五万と言われる二共和国の武装勢力が激しい戦闘状態に入ったという構図は伝えなかった」と指摘している。これこそが、本書で言う半ポスト真実の一つの顕著な実例だといえる(48)。

親ロシア派の人々は、自分たちが選んだヤヌコヴィッチ大統領が暴力的に駆逐されたマイダン革命に抗議したことをきっかけに、その「クーデター」政権から攻撃を受けるようになった。もちろんドンバス側も武装しているので、純然たる被害者ではなく、紛争当事者である。親ロシア派がドネック空港を占領するなど、攻勢に出た時期もあった(49)。しかし、内戦が専らドンバス地方でおこなわれた以上、戦闘員以外のドンバスの親ロシア派住民が主として被害に遭ってきたことは事実である(50)。ウクライナ政府によるあからさまなロシア語差別には、普段は欧米寄りの国際団体ですら、深い懸念を示していた(51)。無論、だからといって、今日おこなわれているような国家間による正真正銘の戦争が法的に許されない、という批判はもちろん正しい。住民が外国軍隊に殺されることは、悲劇に他ならない。だがそのことが、住民の一部が自国政府軍や民兵組織に殺戮されるという、先行して起こったもう一つの異常事態の隠れ蓑になることは避けるべきだろう。かつてトマス・ホッブズが『リヴァイアサン』を構想した動機には内戦への恐怖があり、国民への生存権保障義務の履行を放棄した国家に対しては服従義務がなくなるとして、事実上抵抗権を認めたという政治思想史の一コマを思い出すべきではないか(52)。より目立つ国家間戦争への非難だけにとらわれ、大きく報道されることがなかった内戦の恐ろしさを、甘く見るべきではないだろう。内戦とは「自国民への戦争」である、という『ウクライナ・オン・ファイヤー』のなかのヤヌコヴィッチ元大統領の言葉をここに思い出しておこう。

【注】

(46) 米国の「掌の上に置かれたウクライナ」という視線がこの戦争の本質に迫るための核心だと説くのが塩原俊彦『ウクライナ3・0』(社会評論社、二〇二二年、七頁)である。

(47)「ジャック・ボー：ハリコフからの撤退とロシア軍の新動員について考える」『寺島メソッド翻訳NEWS』二〇二二年一〇月六日。http://tmmethod.blog.fc2.com/blog-entry-1077.html

(48) 大崎巌「ロシアより先に戦争を始めたのは米国とウクライナの可能性」『JBpress』二〇二二年一一月二三日。
https://jbpress.ismedia.jp/articles/-/72795

(49) 知られざるドンバスの内戦と和平交渉の経緯を年表付きで詳しく解説するのが、塩原俊彦、前掲書、第3章である。他に内戦の過程を、国際機関の資料に基づき詳細に分析した論考として、乗松聡子「ウクライナ　忘れられている死者たちは誰か」が挙げられる(『ＩＳＦ独立言論フォーラム』二〇二二年五月一六日)。https://isfweb.org/post-2995/

(50) ウクライナ軍によるドンバス地方の民間人への攻撃についてロシア側は何の証拠も示していないと主張されることが、日本の主要メディアの「定説」であるようだ。しかし実際にはロシア系メディアＲＴは三本の動画を公開している。
Donbass: The Gray Zone
https://rumble.com/v12gjar-donbass-the-gray-zone-2022-21st-century.html
Donbass: Yesterday, Today and Tommorow
https://rumble.com/vxzns0-donbass.-yesterday-today-and-tomorrow-true-documentary.html

Donbass War:Summer 2014
https://rumble.com/v1hxqyp-donbass-war-summer-2014.html
とりわけ二つ目の動画は、ドンバス側に与して戦う欧米出身の義勇兵が複数登場することが興味深い。これに関しては、ロシア系メディアの情報は、反体制派以外は全く信じるに値しないと言う人もいるのだろう。私はそのような姿勢は根本的に不公平であり、本来は一つ一つ真偽を判断すべきだと思うが、そうした向きには、フランス人ジャーナリストのアンヌ・ロール・ボネル氏がドンバス内戦の惨状を捉えた映画『ドンバス２０１６』の日本語字幕付き版もある。
https://www.youtube.com/watch?v=ln8goeR5Rs4
国連の資料としては、二〇一八～二一年の内戦における民間人死傷者の八割が両人民共和国の支配地域において発生したと報告している次のものが重要である。
Conflict-related civilian casualties in Ukraine,2022/1/27.
https://ukraine.un.org/sites/default/files/2022-02/Conflict-related%20civilian%20casualties%20as%20of%2031%20December%202021%20%28rev%2027%20January%202022%29%20corr%20EN_0.pdf

(51) Rachel Denber:"New Language Requirement Raises Concerns in Ukraine.Law Needs Safeguards to Protect Minorities' Language Rights",2022/1/19.
https://www.hrw.org/news/2022/01/19/new-language-requirement-raises-concerns-ukraine

(52) 革命の時代に亡命を強いられたホッブズを自伝の言葉に基づき「恐怖との双生児」として捉え、生存権保障をはじめとする統治能力を欠く政府に対する抵抗権を事実上認めた側面を強調した解説として、次の文献が挙げられる。永井道雄「恐怖・不信・平和への道」『世界の名著23　ホッブズ　リヴァイアサン』中央公論社、一九七一年、七～四一頁。ホッブズ本人の言葉も引用しておこう。「第一に、人はその生命を奪おうとして、力によって襲いかかる敵にたいして、抵抗する権利を放棄することはできない」「主権者にたいする国民の義務は、主権者が国民を保護できる権力を持ち続けるかぎり、そしてそのかぎりにおいてのみ、継続するものと考えられる。人間にはほかにだれも保護してくれる者がないばあいに自己保存という生来の権利があり、いかなる契約によろうとも、これを譲渡することはできないからである」（同書、一六二〜一六三頁、二三八〜二三九頁）。

なぜ日本はドンバスの親ロシア派住民を正式な難民として迎えなかったか

ウクライナ侵攻以来、ウクライナ人ら——この言葉は日本においては専らウクライナ政府支持者を指していることに注意——が日本では正式な「難民」として認められず、「避難民」という新しい範疇がつくられたことが話題になった。無論、一般のウクライナ避難民らは被害者であり、日本としてもできる限り支援すべきだろう。

この話題については、日本政府が難民条約を都合良く解釈して、迫害の主体を、難民候補者の国籍国の政府と限定していることはよく知られている(53)。だがその解釈に照らせば、これまでの内戦で、正に人種的・政治的事情で自国政府による迫害を受けたといえるドンバスの親ロシア派の住民を、日本はなぜ正式な難民として受け入れなかったのか、と問う余地が生じる。管見の限り、そうした問いはほとんど発せられず、逆にドンバスの親ロシア派は「洗脳」されているに等しい、といった中傷まで見られる(54)。だがそのような見方をする人は、一度でも彼ら・彼女らの境遇を考えたことがあるのだろうか。ＮＡＴ

O軍が支援するウクライナ軍の猛攻にさらされ、国連平和維持軍も編成されず、彼ら・彼女らを民族的同胞とみなすロシア軍しか助けてくれる勢力がなかったことこそが、ドンバスの悲劇の本質ではなかったのか。そこにロシア人に近いドンバスの人々はいくら死んでも構わない、といった人種的偏見はなかったのか、問うてみる価値はある(55)。本来であれば、ロシア政府を敵視する姿勢であっても、紛争被害者たるドンバスの非戦闘員は別物、という考え方もありうるはずだ。

【注】

(53) 二〇一三年一〇月四日の「第六回出入国管理政策懇談会議事録」(一五頁)による。https://www.moj.go.jp/isa/content/930002945.pdf
この資料に依拠しつつ、日本政府の難民・避難民の使い分けを二重基準として疑問視する平野雄吾「ウクライナ侵攻とダブルスタンダード」も、ドンバス人への言及はしていない(『現代思想 ウクライナから問う歴史・政治・文化』二〇二二年六月臨時増刊号、三二〇〜三二四頁。

(54) 猪瀬直樹「ウクライナ情勢は、Netflix『ウィンター・オン・ファイヤー』を見てから語れ 後編」『現代ビジネス』二〇二二年三月二六日。https://gendai.media/articles/-/93743

(55) 塩原俊彦氏は、「ネオコン」として知られ、二〇一四年の革命でも暗躍していたヴィクトリア・ヌーランド国務次官、ウクライナの戦争地図作成で有名な「戦争研究所」(ISW)創設者のキンバリー・アレン・ケーガン氏ら、米国の東欧系移民のロシア人に対する復讐心を、この戦争の背景として挙げている(ヌーランド氏はウクライナ系)。その上で、プーチン大統領の同じ革命=クーデターやウクライナの「ネオナチ」勢力への復讐心や、ゼレンスキー大統領のウクライナの親ロシア派勢力に対する復讐心や、ロシアによるクリミア併合等への復讐心の応酬を、思想史的背景も含めて分析しているのが、塩原氏の『復讐としてのウクライナ戦争』（社会評論社、二〇二二年）である。国連平和維持軍が編成されなかった理由として、ドンバスの両人民共和国の法的地位についての解釈の相違や、財政的問題を挙げて分析しているのが、同じ著者の『ウクライナ３・０』（二〇二二年、社会評論社、第３章）である。ネオコンについては、次の記事も参照。ジェフリー・サックス「ウクライナ紛争はネオコンが引き起こした直近の大惨事」『寺島メソッド翻訳ＮＥＷＳ』二〇二二年一〇月一〇日。http://tmmethod.blog.fc2.com/blog-entry-1083.html

我々の無関心が引き起こした戦争という側面

八年間続いたドンバス内戦に対する我々世界中の大多数の人間の無関心が、今回の戦争を引き起こした側面について、真剣に検討すべきではないか(56)。内戦の段階で、ウクライナ政府軍によるドンバスへの攻撃を、各国のメディアがもっと報道して国際世論を喚起していれば、今回の戦争を防げた可能性も全くないとは言い切れないだろう(57)。ウクライナが二〇一四年の政変でロシアから切り離されてからは、米国・ＥＵ・ＩＭＦなどの「顧客国家」（client state）または植民地のような状態におかれていたわけだから(58)、ウクライナに厳しい経済制裁を課してでも、強制的に内戦を終結させるべきではなかったか、と再考すべきであろう。にもかかわらず、米国が内戦中におこなったことといえば全く逆で、ウクライナ人に武器を与え訓練を施すというものであった。

【注】

(56)この無関心に関する議論は、スイスの軍事専門家であるジャック・ボー氏の次の論考に示唆を受けている。『IWJ』号外第二一弾「ウクライナで何が起こっているのか」「ウクライナ人への思いやりを、ドンバスの人たちに少しでも向けていれば、こんなことにはならなかった」二〇二二年四月一八日。
https://iwj.co.jp/wj/member/archives/504861

(57)九・一一や、安倍元首相殺害事件のようなテロに対して、苦悩していた人々への社会の無関心と黙殺が「導火線」になったと分析する『東京新聞』社説(「『黙殺』という導火線」二〇二二年九月一一日付)に、私は深く共感する。けれどもそれと同時に、ドンバス人に対してこのような眼差しがほとんど持たれなかった理由も、問わねばならないだろう。

(58)顧客国家という概念と、米国によるウクライナへの軍事支援の実態に関しては、塩原俊彦『ウクライナ3・0』一二頁以下に教示された。

「二つの物語の両面」を伝えること：日本在住のドンバス出身女性らの訴えに耳を傾ける

実は日本にも、ドンバス地方出身の女性二人が暮らしているとされる。だが驚くべきことは、この人たちのところに取材に行くメディアがどうやら皆無であることだ。彼女たちに同情し、シンポジウムに招いて本音で語ってもらい、共に『ウクライナ・オン・ファイヤー』を鑑賞する、といった厚い配慮を見せたのは、ネット上で調べられる限りでは、かの伝統ある民族派団体「黒龍会」だけのようなのだ。

ネット上の動画で見られる彼女らの日本語による訴えは大変切実である(59)。八年間ウクライナ政府軍に攻撃され続け、地下室に避難することを強いられたという彼女らから見ると、ウクライナ政府は米国に逆らうことはできない立場に置かれている。世界中から見捨てられたドンバスにとって、今回の戦争はむしろ遅すぎた介入だとも訴える。もちろん、この方たちの言い分を一〇〇％信じるべきだ、と私が主張しているわけではない。だがいずれにせよ、ウクライナ政府支持者の声をほぼ一方的に伝え続けた主要メディアは、この人たちにも詳しく取材すべきでなかったかと、自らに問い直すべきだ、と私は考える。

「一つの物語の両面」（both sides of a story）を伝えること、即ち一方のみならず他方の当事者の話も聞くことは、報道の大前提であるはずだ。この話題に関連して、日本の主要メディアには、頻繁にロシアの反体制派の意見が載っていることは、周知の通りだ。プーチン政権への支持率が高いのは、欧米も独立系と認めているレヴァダセンターの調査でも確認されているが、弾圧されている少数派の声を聴くことは大変有意義だ。しかし、ならばなぜウクライナ国内では少数派であり、ゼレンスキー政権への反対派である親ロシア派の人々の声を聴く機会が、日本では少ないのだろうか(60)。

【注】

(59) 彼女らの訴えは、以下の動画で聞くことができる。「日本の中立外交を要求する國民大会　第一部講演」二〇二二年五月八日。https://www.nicovideo.jp/watch/sm40451124

(60) ドンバスの親ロ派勢力が運営するニュースサイトとして、Donbass Insider が挙げられる。英語・ロシア語・フランス語版があり、充実した見やすいウェブサイトであるように思われる。当然かもしれないが、ウクライナ語版はないことが印象的だ。無論、紛争・情報戦当事者による発信であるので、ここに書いてあることがすべて「真」であると言いたいわけではないが、彼ら・彼女らがどういう見方をしているかを知ることができるのは、間違いない。また、このサイトの偏りに注目することで、ウクライナ政府側の情報の偏りに気付くこともできるという効用もあるだろう。
https://www.donbass-insider.com/

第3節　ツイッターによる言論統制の実例

第2節で論及したドンバス地方の親ロシア派住民の声を伝える報道は日本では相対的に少ないと思われるが、全くないわけではない[61]。例えば、二〇二二年六月二六日にNHK BS1のワールドニュースで放送された、フランスのテレビ局による報告である。この放送では、ルガンスク／ルハンスク州の要衝都市・リシチャンスクの住民らが、「私たちを攻撃し子どもたちを殺しているのはウクライナ軍です」、「ロシア人は私たちの友人です。彼らと一緒になりたいのです。ロシアが勝利してここで権力を掌握するのを望んでいます」などと切実に訴えている。独自取材ものではなく、ごく短時間という制約があるとはいえ、複雑な現地事情の一端を伝える貴重な資料として評価できるものだろう。

ところが、自ら主宰するブログでウクライナ情勢についても健筆を振るっていた思想家・田中宏和氏がこの映像をツイッターでリツイートしたところ、事件は起こった。田中氏のブログの報告によると、（二〇二二年六月）「二四日のNHKBS1ワールドニュースで流されて、ネットで話題になっている映像。フランスの放送局が取材・制作したもの。リシチャンスクに残っている大半の住民がロシア支持と報道。『私たちを攻撃し子どもたちを殺しているのはウクライナ軍です』と住民が証言」というコメント付きで発信した。それに対して、「センシティブな内容が含まれている可能性があるため、このツイートに警告を表示しています」と警告を受け、動画を非表示にされてしまった。二回の異議申し立てにも返事はなく、非表示のままの状況が続いたという(62)。

田中氏の指摘通り、リシチャンスクはフランスの番組放送時点の六月二四日ではウクライナ軍支配下にあった。従って、占領者のロシア軍の監視下で強制的に言わされていたのだ、といった言い訳が通用しない状況だった。

ツイッター・ヘルプセンターの「強制的対応の適用レベルと適用範囲」を見てみると、「センシティブ」表示は、「違反ではないコンテンツに対して行うことがある対応」であるという。著作権法違反など、別の項目を適用したわけではない、と認めているわけだ。「見たくない人がいるかもしれないセンシティブなコンテンツが含まれる可能性がある」とのことだ(63)。確かにウクライナ政府・軍を無条件に擁護したい人にとっては、決して見たくない内容だった、ということなのだろうか。田中氏が「言論統制」「ツイッター社がやったことは、中国政府がやっていることと同じではないか」と憤るのも無理はないだろう。現状では、若者を中心にテレビを持たない人が増えており、テレビ映像もユーチューブやツイッターといったSNSを通して二次的に知る人が少なくないだろう。また、田中氏は、「ドンバス地域の戦闘で勝敗を分け、両軍の作戦の成否を分けているのは、実は現地住民の支持の差に拠るのではないか」とも推測している。こうした異端的な見方の根拠となる報道が広がることが不都合に感じられるから、その拡散を防ごうとする不自然な力が働くのだろうか。

膨大な量の情報が交錯するインターネット空間においては、些末な事件とみなされるのかもしれない。だが圧倒的な力を持つプラットフォーマーが実行する小規模な言論統制が積み重なり、全体として、半ポスト真実的状況がつくりだされる可能性もあるのではないか。

ツイッター社は、自民党に極めて近い組織である日本青年会議所と二〇二〇年に「メディアリテラシー」を巡る「パートナーシップ協定」を締結し物議を醸したことがある。つまりこれまでも、公平性・中立性が期待されるプラットフォーマーの資質が疑われたことがあったという事実も、改めて振り返っておきたい(64)。

【注】

(61) 新聞記事としては、例えば『毎日新聞』二〇二二年九月二九日付朝刊の「ウクライナ『住民投票』疑義消えぬ『賛成多数』」で、自分の意思で編入に賛成票を投じて歓迎した住民たちの声も丁寧に掬い上げている。ただし、なぜ彼ら・彼女らが、ウクライナからそこまでして離れたいのか、深く掘り下げるものではなかった。

(62) 田中氏のブログ『世に倦む日日』「ツイッター社による言論統制――ＮＨＫの報道を紹介したら警告と処罰を受けた」二〇二二年六月二九日。https://critic20.exblog.jp/32644799/

(63) https://help.twitter.com/ja/rules-and-policies/enforcement-options

(64) ねとらぼ「『Twitter Japan、日本青年会議所との提携発表で『失望した』と批判相次ぐ『政治的な活動を後押しするものではございません』」二〇二〇年二月一二日。https://nlab.itmedia.co.jp/nl/articles/2002/12/news048.html

管見の限りだが、ロシア系メディアの情報に対する警戒や糾弾は多くあるが、欧米の政府・メディアによる情報発信にも警戒せよ、という指摘は、日本の主要メディアでは見たことがない(65)。

既述の通り、NATOの東方拡大が今日の戦争の潜在的な原因の一つとなり、NATO諸国はウクライナ軍を、兵站や衛星による情報提供などを通じて支援している。それ故、これらの国々の政府や、政府と見解を同じくする主要メディアによる情報発信もまた、戦争当事国によるものとして、慎重に見るべきであるように思われる。直接的戦闘当事者でなくても、いわゆる情報戦の当事者と見なすであろう。

第4節 ロイター通信、シュピーゲル誌による動画削除と「人間の盾」問題

にもかかわらず日本の主要メディアの欧米の主要メディアへの信頼は絶大であるようだ。だがその中枢を占めるロイター通信、およびドイツの有名週刊誌として知られる『シュピーゲル』が信頼を根本的に喪失しかねない重大な報道事件を起こしていたことが、日本の主要メディアによって伝えられることは、なかったように思われる。

【注】
(65) 米国のマスメディアによる情報操作を、トランプ大統領に対するスキャンダル捏造疑惑という実例に即して解説する文献としては、塩原俊彦『ウクライナ３・０』（社会評論社、二〇二二年、第４章「すさまじいマニピュレーションという現実」）がある。

マリウポリの「半分の真実」

この事件を取り上げたドイツの日刊紙『ユンゲ・ヴェルト』(Junge Welt) の、「マリウポリ：鏡（シュピーゲル）の中の半分の真実」という辛辣な皮肉の効いた二〇二二年五月五日付の記事に沿って事件の経緯を振り返ろう(66)。「半分の真実」(halbe Wahrheit) とは、本書で言う半ポスト真実の内実にも通底する示唆的な言葉だ。

ウクライナ側が支配していたドネツク州マリウポリ市がロシア軍の攻撃により陥落した後、製鉄所にいた地元住民が、自分たちを地下に閉じ込めて避難を許さなかったのは、ウクライナ側の「アゾフ連隊」だったと証言した。その証言を収録したロイター提供の動画を、『シュピーゲル』が五月二日に、「内容に矛盾がある」と称して削除した。かねてロシア側がウクライナ側に非難してきた、いわゆる「人間の盾」疑惑を裏付ける貴重な証言である。この事件について詳しく報道した数少ない日本語メディアであるＩＷＪは、六月八日付の記事で、米国・NATOの紡ぐ物語の筋書きである「ロシア＝加害者・悪魔」、「ウクライナ＝被害者・善人」という見方に「矛盾」した証言だったのでなきものにされたのだ、と痛烈に批判している(67)。

シュピーゲルの元記事を見てみると、マリウポリの生存者の証言が「部分的にしか」再現されていなかったことが動画削除の理由だった、と述べられている。だがそれならば動画全体を見せれば済むことなので、かなり理解に苦しむ釈明である(68)。ロイターはロシア側からこの件で非難されて、五月七日付の記事でこの証言をさらに検証することを約束したのはいいが(69)、本書執筆中の一二月の時点でも、ネット検索で調べた限りでは、続報は見つからないようだ。

【注】

(66) Junge Welt:Mariupol:Halbe Wahrheit im Spiegel.https://www.jungewelt.de/artikel/425938.mariupol-halbe-wahrheit-im-spiegel.html

(67)「〈スクープ！〉シュピーゲル誌とロイター通信が真実曲げて米国NATOに戦争協力！　マリウポリの製鉄所から避難のウスマノワさん証言！「アゾフ連隊は私たちを閉じ込め、ウクライナ軍は市民の避難許さなかった」」。https://iwj.co.jp/wj/open/archives/506872

(68) Spiegel:Evakuierungen aus Mariupol »Ich dachte, dass ich nicht überleben würde«
https://www.spiegel.de/ausland/mariupol-ukraine-evakuierungen-aus-dem-stahlwerk-asowstal-haben-begonnen-a-cf6d4499-2fff-41b6-bda8-fcb6eab1be17

（69）Reuter：Russian envoy says Reuters 'censored' Mariupol evacuee's comments https://www.reuters.com/world/europe/russian-envoy-says-reuters-censored-mariupol-evacuees-comments-2022-05-06/

情報操作はロシアの専売特許ではない

この事件の教訓は、情報操作に手を染めているのは、悪名高いロシアだけではないということであると思われる。とりわけ戦争報道に関しては、欧米の主要メディアが報道したことをそのまま信じているようでは甘い、ということであろう。欧米メディアおよびそれに依拠する日本の主要メディアが、「ロシア軍が○日に○○市の市街地を攻撃し、住民に○○人の死者が出た」と報道したとしよう。重大な事件であるほど、まずは判断を保留し、ロシア側の見方や、あるいは現地事情に詳しい独立系ジャーナリストや論者らの見解と照らし合わせるなどして、慎重に態度を決定すべきだろう（70）。

この重大事案について報道しなかった日本の主要メディアは、純然たる嘘をついたわけでなくても、不作為によって半ポスト真実的状況が生じることに、意図せずして加担してしまったのではないか。ＩＷＪのような小規模な媒体や、個人レベルでも、フリージャーナリストの櫻井春彦氏や科学史家の寺島隆吉氏が見つけて取り上げた情報を、語学にも通じた能力の高い専門記者を多数抱えるはずの大手メディアの誰も気付かないことが、果たしてありうるのだろうか(71)。真相は闇の中だが、ロイターを一つの主要情報源とする日本の主要メディアもまた、普段からロイターを信頼するあまり、自分の見立てに反する情報に対し、見て見ぬふりをしていなかったのだろうか。

なおウクライナ軍による「人間の盾」戦術の関連では、八月四日付でなされたアムネスティ・インターナショナルによる報告で、ドンバス地方などにおいて、学校や病院などを軍事拠点としたことにより、民間人を危険にさらしたと認定されている(72)。この報告書は「防御的な位置にあることは、ウクライナ軍を、国際人道法を順守することから免責しない」と指摘する一方で、ロシア軍側の問題点も告発している。アムネスティ自体が本来は欧米寄りの組織である、ともされる。そうした組織がこういった内容の報告書を書かざるを得なかったほどの深刻な事態だったからか、この情報は日本の主要メディアでも不十分ながら報道され、無視されることはなかった(73)。

【注】

(70)とりわけ、Eva Bartlett, Anne Laure Bonnel, Scott Ritter, Jacques Baudらの意見を聞くことをお勧めしたい。日本語では、「寺島メソッド翻訳NEWS」で一部を読むことができる。

(71)『櫻井ジャーナル』「米国やウクライナの政府にとって不都合な住民証言を独誌が間違って報道して

混乱」二〇二二年五月八日。https://plaza.rakuten.co.jp/condor33/diary/202205080001/　寺島隆吉『ウクライナ問題の正体2　ゼレンスキーの闇を撃つ』（あすなろ社、二〇二二年、第8章「アゾフスタル製鉄所の完全解放!!」）を参照。

(72) Ukraine:Ukrainian fighting tactics endanger civilians.https://www.amnesty.org/en/latest/news/2022/08/ukraine-ukrainian-fighting-tactics-endanger-civilians/

(73) 例えば『毎日新聞』二〇二二年八月一三日付朝刊「ウクライナ侵攻：『ウクライナ戦術、民間人危険』　疑問や批判の声も　アムネスティ報告」。アムネスティ・インターナショナルが、英国政府等から資金を受け取ったという指摘については、次の資料を参照。NGO Monitor：Breaking Its own Rules:Amnesty's Researcher Bias and Govt Funding,2012/6/4.　https://www.ngo-monitor.org/reports/breaking_its_own_rules_amnesty_s_gov_t_funding_and_researcher_bias/

第5節　アゾフ連隊をはじめとする過激ナショナリスト集団を巡る問題

第4節で言及したマリウポリ攻防戦において、ウクライナ軍側の主力を担っていたのが、その精強さで知られたアゾフ連隊（旧大隊）である。同連隊はこの地方のサッカーチームのサポーターを母体として生まれた民兵組織であり、マイダン革命後に元来の大隊から連隊に昇格していた。クリミア併合の際、ウクライナ軍はロシア軍にほぼ抵抗できず完敗を喫したが、その後の軍備増強と並び、アゾフ連隊などの民兵組織を「親衛隊」として取り込んだことが、ウクライナ軍の強化につながったとされている(74)。今日の戦争でも、最前線に立ち抵抗したアゾフ連隊は「ヒーロー」または「レジェンド部隊」である、というウクライナ政府支持者による証言もある(75)。こうした〝名声〟に注目する評価や報道は、ウクライナ政府支持者から見れば、紛れもない〝真実〟であろう。いずれにせよ、ロシア側が戦争の目的にウクライナの「非ナチ化」を掲げていることから、アゾフ連隊などの存在自体が焦点となっていることを忘れてはならない(76)。

【注】

(74) アゾフ連隊または大隊に関する簡潔な紹介・分析として、塩原俊彦『プーチン3・0』「コラム2　アゾフ大隊」（社会評論社、二〇二二年、二九頁）を参照。

(75) 関西テレビ「アゾフ連隊はウクライナにとってヒーロー　ウクライナ・キエフ在住ボグダンさんに聞く」（二〇二二年三月二八日放送）。https://www.youtube.com/watch?v=eKyEQUoek8I

(76) この非ナチ化を、プーチン大統領による二〇一四年のクーデター事件やオデッサ／オデーサで起きた親ロシア派住民の虐殺事件への復讐として捉え、戦後ドイツで元ナチ党員・支持者に対しておこなわれたEntnazifizierungまで遡って考察する貴重な文献として、以下を参照。塩原俊彦『復讐としてのウクライナ戦争』（社会評論社、二〇二二年）第2章「プーチンの復讐」（1）「『非ナチ化』を隠すマスメディアの不見識」、（2）「二〇一四年へのクーデターへの復讐」。

主要メディアによる「ネオナチ」の〝浄化〟処理？

アゾフ連隊が「ネオナチ」か否か、という問題については、『毎日新聞』が大きな検証記事を掲載している(77)。この記事は、日刊紙のなかでは比較的詳しくアゾフ連隊の来歴を振り返っていることに価値があるといえる。だがかつては人種差別的・過激派的要素もあったが、二〇一四年にウクライナ内務省に編入されてからは穏健化した、といった論調を取っているのが典型的である。『朝日新聞』は、二〇二二年九月二三日付朝刊の社説で、「ネオナチ」はウクライナの政権ではなく「ナチスさながらの蛮行を進めているのはロシアの方だ」と述べている。『産経新聞』二〇二二年四月二三日付朝刊は、「ロシアこそ二一世紀のナチス」というアゾフ連隊の主張を、そのまま伝えている（「ウクライナ侵攻　アゾフ大隊、高い戦闘力　マリウポリで徹底抗戦」）。

それに加えて顕著なのは、二〇二二年四月二三日放送のＴＢＳ『報道特集』の実例である。この番組では、有名キャスターがアゾフ連隊司令官に対して「極右団体だったというような情報は、フェイクニュースだったというふうに思っているんですね」といった〝誘導質問〟をおこない、ネオナチの象徴である「ヴォルフスアンゲル」にぼかしが入っていたことを「プロパガンダの共犯行為」だったとして、ＩＷＪが厳しく告発している(78)。こういった報道については、最初からウクライナ徹底支援といった方針、もしくは結論を決めて、その〝筋書き〟に合うような見方だけを作為的に探し出す情報操作だと批判されても、仕方がないのではないか。また、欧米において、逆まんじ、ヴォルフスアンゲルや「黒い太陽」といった図像を使う人々は「ネオナチ」だと認定されるのに、ウクライナ人は免責されるのはなぜか、疑問を抱くのも自然であろう。

【注】

(77) 二〇二二年四月二二日付朝刊「追跡　ウクライナ戦闘部隊『アゾフ大隊』露『ネオナチ強弁』標的に」。

(78) ＩＷＪ速報「ロシア「『ロ軍が化学、生物、核兵器を使用』と、米国政府が挑発を準備」と発表！ＴＢＳ『報道特集』は「ヴォルフスアンゲル」にぼかしを入れ、アゾフ連隊を「ナチスでない」と紹介！」二〇二二年四月二四日。https://iwj.co.jp/wj/open/archives/505063

「部屋の中のゾウ」としての「ネオナチ」？

こうした報道をはるかに凌駕する深さを見せたのが、皮肉にも朝日新聞社系のウェブ媒体『論座』に、外部筆者の清義明氏が二〇二二年三月に寄稿した連載「ウクライナには『ネオナチ』という象がいる――プーチンの『非ナチ化』プロパガンダのなかの実像」である(79)。私にとっては米国が支援した二〇一四年のクーデターも「ネオナチ」と並ぶ部屋の中のゾウであるが、後者の問題についての邦語文献として、この記事は大変優れていると思われる。この連載の特長は、欧米側および国際機関の資料のみに依拠して、アゾフ連隊だけでなくC14やアイダール大隊、右派セクターといった数十もの武装集団が割拠し、反民主的、人種差別的な民族主義者の集団がウクライナでは世界で唯一、軍隊、行政、司法に浸透してきたという実態を示したことだ。無論、清氏は、戦争を正当化するためにこの記事を書いたのでもない、とも断っている。しかし、これらの武装集団のドンバス内戦における悪行については、二〇一六年の国連の報告書も問題視していた(80)。ポロシェンコ政権時代（一四〜一九年）には、欧米でも「ネオナチ」と呼ばれた政治家が入閣までしていた。こうした人々が国内にただ存在しているだけではなく、ミンスク合意による内戦の停戦にも、今回のロシアとの戦争の停戦にも反対し続けてきたという指摘は、この問題が単なる国内問題にとどまらないことを示唆している(81)。

ウクライナにはこうした極めて過激なナショナリスト集団が現在も存在し、この戦争を自分たちの勢力拡大に利用しているという批判的指摘は、実は欧米メディアの本流であり、日本メディアにとって至高の権威の一つであるはずの『ワシントン・ポスト』からすらも出ている(82)。にもかかわらず、ウクライナ・ナショナリズムの負の側面に正面から向き合わず、専ら〝英雄〟としての側面に光を当ててきた日本の主要メディアは、半ポスト真実的状況が出現することに、一役買ってしまったのではないか。こうした過激派の存在と跋扈が今回の戦争を法的に正当化するわけではないし、ロシア側の主張に、誇張や都合の良い政治利用がないわけでもない。けれども、ウクライナという国の実態を見極めることなしに、また、戦争が始まった背景を知らずして、戦争を終わらせる道を探ることもできないのではないか。

【注】

(79) https://webronza.asahi.com/national/articles/2022032200001.html

(80) Office of the United Nations High Commissioner for Human Rights Report on the human rights situation in Ukraine 16 November 2015 to 15 February 2016 https://www.ohchr.org/sites/default/files/Documents/Countries/UA/Ukraine_13th_HRMMU_Report_3March2016.pdf

(81) "Beware Ukraine's Rising Right Sector", 2022/8/15.
https://nationalinterest.org/feature/beware-ukraines-rising-right-sector-13558
"As Ukraine Rallies Nation to Defend from Russia, Far-Right Joins the Fight", 2022/3/2.
https://www.newsweek.com/ukraine-rallies-nation-defend-russia-far-right-joins-fight-1684187
後者の記事では、アゾフ連隊の高名な指導者であるアンドリー・ビレツキー氏が、ゼレンスキー大統領による停戦交渉に公然と反対したことが記載されている。

(82) "Neo-Nazis are exploiting Russia's war in Ukraine for their own purposes", 2022/3/14.
https://www.washingtonpost.com/outlook/2022/03/14/neo-nazi-ukraine-war/
"Right-wing Azov Battalion emerges as a controversial defender of Ukraine", 2022/4/6.
https://www.washingtonpost.com/world/2022/04/06/ukraine-military-right-wing-militias/

公安調査庁による「ネオナチ」の「浄化処理」疑惑

実は日本の公安調査庁も、二〇二一年版『国際テロリズム要覧』に「二〇一四年、ウクライナの親ロシア派武装勢力が、東部・ドンバスの占領を開始したことを受け、『ウクライナの愛国者』を自称するネオナチ組織が『アゾフ大隊』なる部隊を結成した。同部隊は、欧米出身者を中心に白人至上主義やネオナチ思想を有する外国人戦闘員を勧誘したとされ、同部隊を含めウクライナ紛争に参加した欧米出身者は約二〇〇〇人とされる」と記載していた。ところが、マリウポリでの戦闘が続いていた二〇二二年四月八日、公安調査庁は、この要覧は内外の公開情報をまとめたものであって独自の評価を加えたものではないのに、同庁がアゾフを「ネオナチ」として認定しているという「誤情報」が拡散されている事態に対処するためとして、アゾフに関する記述を削除した(83)。ネットメディアのバズフィードは、削除前の記載を画像で保存して公開し、公安調査庁広報室に対し「削除の詳細な経緯、および追加の調査をしたのか、アゾフ連隊に関して現状はどのような見解を持っているのか」という追及をおこなった。それに対してバズフィードは、「ホームページに書いてあること以上の回答は難しい」といった実質的なゼロ回答しか得られなかった、と報告している(84)。「日本はナチズム復権への道を歩みだした」「日本は国家としてロシア嫌悪の列に並んだ」といったロシア側の猛反発も伝えている。テロリズムという国民にとって極めて重大な案件を、公開情報をとりまとめて紹介しただけで、それ以上の独自の検証をしていない公安調査庁の姿勢は心許なく、専門的国家公務員としての資質が問われるのではないか。内戦以来の紛争当事者であるアゾフ連隊が交戦している最中に、当該の記載を削除したことが、応援や正当化の意味を持つ可能性もあり、その是非も問われるだろう。権力機関によるこうしたご都合主義的な〝認定変更〟に厳しい視線を向け、広く世に知らしめるのも主要メディアの役割の一つだと私は考えるが、それを十分に果たせていただろうか(85)。

【注】

(83)公安調査庁「『国際テロリズム要覧2021』中の『アゾフ大隊』に関する記載の削除について」https://www.moj.go.jp/EN/psia/20220407_oshirase.html

(84)バズフィードニュース「公安調査庁『誤情報が拡散』ウクライナ・アゾフ連隊めぐる記述を削除、ロシア側は反発」、二〇二二年四月一三日。https://www.buzzfeed.com/jp/kotahatachi/azov-public-security-intelligence-agency

(85)例えば『毎日新聞』二〇二二年五月一八日付朝刊「ウクライナ侵攻：マリウポリの製鉄所、世界で最も悲惨　追い詰められる『最強部隊』」では、アゾフ連隊隊員の家族が、日本の公安調査庁の「国際テロリズム要覧」からの削除について喜んだことを伝えているが、批判的視点は読み取れない。

第6節　ブチャ虐殺事件を巡る疑問点

ウクライナでの今次の戦争のなかで、最も衝撃的だったニュースの一つは、二〇二二年四月三日に四〇〇人以上の遺体が発見されたキエフ／キーウ郊外の町ブチャの虐殺事件だろう。この事件は、日本メディアでは当然のようにロシア軍による仕業とみなされ、その後もその見立てに沿った報道が続いている(86)。米国のマクサー・テクノロジーズ社提供の衛星写真で、遺体が三月半ばからブチャ市内に存在したことが〝証明〟され、ロシア軍の〝嘘〟が暴かれた、といった見方が疑われることは、ほとんどないようだ。

【注】
(86) 例えば『毎日新聞』二〇二二年八月三一日付「ウクライナ侵攻・半年・『私』たちの戦争　『人間の盾』市民巻き添え　住宅、学校、病院に無差別攻撃」。『読売新聞』二〇二二年八月二四日付「ブチャ　悲しみと歩む　露侵略半年　弟犠牲『不在慣れず』」。

ブチャ市長の不自然な振る舞いと、衛星画像への疑惑

しかしこうした見方に対しては、有力な異論が存在することは一般メディアで十分に伝えられていないのではないか。以下、この問題について、最も中立的に報道していると考えられるドイツのklaテレビの映像・記事を中心とする別の見方を紹介し、分析したい(87)。この報道は、既存の見方の次のような不整合を指摘し、この事件を慎重に見るよう促している点が評価に値すると思う。

まず地元のブチャ市長が、三月三一日に満面の笑みをたたえて解放・勝利宣言をした際、遺体について一言も触れておらず、四月三日にウクライナ政府が戦争犯罪を告発してから初めてそれについて語りはじめた、という不自然な事実である。自分の地元市内に数百もの遺体があって、それに何日も気付かないことがありうるだろうか——一刻も早く全世界に知らせて、糾弾すべき事件であるはずなのに。

また、マクサー・テクノロジーズ社の衛星画像は三月一九・二一日にすでに遺体を記録していたとのことだが、なぜ二週間もそれが放置されてきたのか、という疑問点もある。klaテレビは、マクサー社が米軍御用達の企業であるという重要な点も指摘しているが、これもその通りである(88)。注目すべきなのは、カナダのオンライン誌『グローバル・リ

サーチ』で、イタリア人研究者のマンリオ・ディヌッチ氏が、写真に写っている物の影から太陽の角度と日付を分析するプログラムSunCalcを用いて発表した結果だ。なんとマクサー・テクノロジーズの公表した写真は、三月半ばではなく四月一日に撮影されたものである、とのことだ(89)。

【注】

(87)「『ブチャの大虐殺』をめぐる矛盾——地平線の彼方への視線」(二〇二二年四月一一日付)は、日本語字幕付きで視聴できる。https://www.kla.tv/22232 簡潔な記事としては、以下も参照してほしい。ジョー・ローリア「ブチャの虐殺に数々の疑問」『ISF独立言論フォーラム』二〇二二年四月六日。https://isfweb.org/post-1039/

(88) https://www.maxar.com/who-we-serve/us-defense

(89) Ukraine: The Fakes of Anti-Russian Propaganda. 2022/4/18. https://www.globalresearch.ca/fakes-anti-russian-propaganda/5777833 SunCalcを用いた調査については、『櫻井ジャーナル』「ブチャの虐殺話で人びとの目を露軍に向けさせているが、ハンターの疑惑は深い」(二〇二二年四月七日付)により教示された。ただし私はこのSunCalcの件について独自の技術的検証はできていないので、より深い調査が望まれる。https://plaza.rakuten.co.jp/condor33/diary/202204070000/

「見せしめ」説は不条理ではないか

さらにklaテレビが投げかけるのは、ドイツの作家による指摘で、自分たちが撤退した後に大量の遺体が残っていて、ロシア軍にとって何の利益になるのか、という疑問である。確かにこうした動機の問題は本質的であり、自分たちが同胞とみなしているウクライナ人をウクライナ政府から〝解放〟する者として自己演出したいロシア軍の意図と、辻褄が合わなくなると思われる。それに対して、キエフ攻略に失敗したロシア軍が「見せしめ」のために住民を殺害した、といった推測が流布している(90)。だが見せしめという言葉の意味は「我々に逆らうとこうなるのだ」と、自らの残忍さを誇示して相手を威嚇することを目的とする行為を指しているはずだが、それならばなぜロシア軍はこれを徹底して否定するのか、といった疑問は消えない。しかもこれについては、ロシア軍の撤退はそもそも敗退によるものではなく、直前の三月二九日のウクライナ政府との和平交渉進展を受けたものだ、という専門家による分析がなされており、遥かに整合性・信憑性があると私には思われる(91)。

【注】

(90)『朝日新聞』二〇二二年四月五日付「ウクライナ侵攻　『後ろ手に縛られた遺体』『Tシャツかぶせ頭に銃』市民に聞き取り、国際人権団体報告」浅田正彦・同志社大学教授のコメント。

(91) 松里公孝「未完の国民、コンテスタブルな国家　ロシア・ウクライナ戦争の背景」『世界　ウクライナ侵略戦争――世界秩序の危機』岩波書店、二〇二二年、四三頁。

『ニューヨーク・タイムズ』の別件報道：ウクライナ軍はロシア軍に協力した住民を攻撃

ウクライナ、ロシア両国による停戦努力を挫折させ、戦争を長引かせた重大事件であるブチャ「虐殺」を巡る既存の報道に関しては、これだけの不可解な疑問が存在する。私としては、ここで断定的なことを主張するつもりはなく、重大な事件を慎重に見ることを促したいだけだ。けれども、これらの重大な疑問に真剣に向き合うこともなしに、ウクライナおよび欧米の主要メディアの言い分を優先的に伝え続けた報道姿勢は、半ポスト真実を招いた可能性があると指摘しておきたい。こうした傾向の背景として、軍隊は自国民を殺さないという常識、即ち犯人は占領者であるはずだという予断が存在すると思われる。だがこうした常識や予断もまた、ウクライナでは八年も内戦が続いており、民間人を含む自国民への大規模な攻撃が繰り返されてきた事実の前には、慎重に相対化されねばならないだろう。実際に、本書執筆の最中には、他ならぬ欧米主流メディアの代表格たる『ニューヨーク・タイムズ』から、匿名のウクライナ軍高官の証言として、ブチャ事件に関してではない一般論としてだが、ウクライナ軍は、ロシア軍に占領された地域で、ロシア軍に協力したとされるウクライナ人住民を暗殺・攻撃している、という情報が出たことも踏まえておきたい(92)。

【注】

(92) U.S.Believes Ukrainians Were Behind an Assassination in Russia, 2022/10/5. https://www.nytimes.com/2022/10/05/us/politics/ukraine-russia-dugina-assassination.html
ブチャ事件については、現地で人道支援に携わっていたフランスの元軍人による次の証言も参考にしてほしい。IWJ「号外第三四弾　ブチャで起きたロシアによる『大量虐殺』は『見せ物』だった!?　ウクライナで人道支援に従事したアドリアン・ボケ氏が、ウクライナ軍の悪行を暴露！」二〇二二年六月二日。https://iwj.co.jp/wj/open/archives/506699

第７節　ウクライナ議会の人権オンブズマンのリュドミラ・デニソワ氏の解任事件

ロシア軍による「戦争犯罪」に関係する出来事で、もう一つ日本の主要メディアではほぼ報道されなかったとみられる重要な事件がある。ウクライナ議会の人権オンブズマンとして、ロシア軍による児童への性犯罪など、重大な戦争犯罪を盛んに告発してきたリュドミラ・デニソワ氏が、二〇二二年五月三一日にウクライナ議会によって解雇されたという事件である。このニュースは外ならぬウクライナの国営通信社である『ウクルインフォルム』によって発表され、ドイツ・メディアの Deutsche Welle（ＤＷ）も報道した(93)。前者によると、ゼレンスキー大統領の与党「国民の僕」が主導した解雇の理由は、根拠のない情報を拡散したこと、また業務と関係なく外国に長期滞在したことだとされている。「長期滞在」についてＤＷは、彼女は安全な西欧で遊興していた、と追加で報じている。これだけでも大きな問題だが、さらに驚くべきことがある。つまり日本の主要メディアは、これまでデニソワ氏の調査に依拠して、複数回にわたってロシア軍による犯罪的な行為を報道していたにもかかわらず(94)、この解雇について沈黙していたことだ。日本の主要メディアのこの振る舞いは、戦時下では十分に起こりうる虚偽証言疑惑とは別の意味で、非常に大きな問題があると思われる。メディア自身が信頼に足るとみなし、その主張を採用していた人物の重大な不祥事疑惑を無視するのは、自分たちのこれまでの報道の信憑性が毀損されることを恐れたためではないか、と疑われる不作為であろう。本書の中心概念を使えば、この事件の報道を控えることで、メディア自ら半ポスト真実的状況の出現に期せずして加担してしまったのではないか、と検証する余地があるのだ。

【注】

(93)「ウクライナ国会、人権オンブズマンを解任　国連ミッションが注意勧告」。
https://www.ukrinform.jp/rubric-polytics/3497290-ukuraina-guo-hui-ren-quanonbuzumanwo-jie-renguo-lianmisshonga-zhu-yi-quan-gao.html
"Why Ukraine's human rights chief Lyudmila Denisova was fired", 2022/6/3.
https://www.dw.com/en/why-ukraines-human-rights-chief-lyudmyla-denisova-was-dismissed/a-62017920

(94)『朝日新聞』『毎日新聞』『東京新聞』のデータベースで「ウクライナ　デニソワ」で検索。

第8節　ウクライナ・米国の「生物兵器研究所」疑惑

米国側も半ば認めざるを得ない疑惑であるにも拘わらず……

第6、7節ではロシア軍による犯罪疑惑とそれに対する疑問点を論じてきたが、翻って米国に対して向けられた疑惑を検証してみよう。ロシア軍は戦争の初期に、ウクライナに数十もの「生物兵器研究所」を築き、それに米国が深く関わってきた、と占領地域で押収したという資料に基づき主張してきた。だが日本の主要メディアは、このことを真剣に受け取って、調査してこなかったように考えられる。例えば『朝日新聞』は、この件について詳しく検証することなく、「荒唐無稽」だと断定している(95)。

ところが〝嘘つきロシア〟といったフィルターを外して虚心坦懐に調べてみると、この疑惑は、単なるロシア側のプロパガンダでも妄想でもなく、米国側も一定程度疑惑を認めざるを得なくなっていた、という事実が見えてくる。奇しくも二〇一四年のウクライナでのマイダン政変に深く関わっていた、米国のヴィクトリア・ヌーランド国務次官が、ここで再び登場する。彼女は米議会でマルコ・ルビオ上院議員に「ウクライナは化学兵器または生物兵器を所有しているか」と質問され、ウクライナは複数の「生物学研究所」（biological research facilities）を所有しており、ロシア軍がそれを占領し、研究材料が彼らの手に落ちることを懸念している、と公に認めているのだ(96)。シリア等中東での取材経験も豊富なブルガリア人ジャーナリストのディリアナ・ゲイタンジエワ氏は、米国主導の「生物学研究所」は複数のロシアの周辺国や東欧に存在し、ジョージアのように、周辺住民への健康被害が報告されている実例すらあることを、告発している。

この問題について考察している科学史家の寺島隆吉氏は、ヌーランド国務次官のこの発言は、「ウクライナに生物兵器研究所」があると間接的に認めたものだ、と読み解いている(97)。米国防総省がウクライナと協力して、「生物学的脅威削減プログラム」（Biological Threat Reduction Program）を実行し、病原体や毒物を扱っていること自体は、在ウクライナ米大使館も公にしており、秘密でも何でもないのだ(98)。

寺島氏はこの話題に関連して米国との縁も深かった七三一部隊に言及しているが、その正式名称が「関東軍防疫給水本部」だったことも、今回の「削減」という防御的名称に関連して、思い起こすべきだろう。堂々と生物兵器研究を掲げる機関など、あるはずもない。同じく寺島氏が言及するように、米国内からも、元軍人で民主党下院議員も務めたトゥルシー・ギャッバード氏のように、米国がウクライナ国内に二五ヵ所以上の「生物学研究所」

を築いたことを認め、危険な病原体の流出阻止と停戦を訴える著名人も出てきている(99)。

無論、この生物兵器研究所の件は、確定事項ではない疑惑の段階である。けれども、ゲイタンジエワ氏の徹底した調査に見られるように、かなり根深いものであり、かつ相当の根拠があるものだ。すべてをロシアの妄想であるかのようにして片づけて無視、または等閑に付す態度は、半ポスト真実を招来するのではないか。後に虚偽と判明した化学兵器開発疑惑で始められた米国によるイラク戦争の経緯を思い起こせば、国際法的に開戦理由になるものでないからといって、政治的には決して軽く見てよい事案ではないはずだ。

【注】

(95)『朝日新聞』二〇二二年三月一三日付朝刊「ウクライナ侵攻　荒唐無稽、繰り返すロシア　救助された妊婦さえ『モデルの演技』」。『読売新聞』二〇二二年三月一九日付朝刊の「露、生物兵器『米が支援』ウクライナ　米国連大使は反論」は、ロシアによる生物兵器に関する主張は「一方的」だと決めつけ、それ以上の検証をしていない。

(96)この動画と書き起こしは、次の注で寺島隆吉氏が言及している『グローバル・リサーチ』誌の記事で視聴・閲覧できる。

US Admits to Funding Biological Laboratories in Ukraine, with Dilyana Gaytandzhieva, 2022/3/10. https://www.globalresearch.ca/us-admits-funding-biological-laboratories-ukraine-dilyana-gaytandzhieva/5773751

この記事には、ゲイタンジエワ氏による一時間以上の米国の「生物兵器研究所」についての動画がついている。

(97) 寺島隆吉『ウクライナ問題の正体1　アメリカとの情報戦に打ち克つために』あすなろ社、二〇二二年、二〇九頁。
(98) https://ua.usembassy.gov/embassy/kyiv/sections-offices/defense-threat-reduction-office/biological-threat-reduction-program/
ヌーランド氏の議会証言と、この削減プログラムに注目する日本語の数少ない記事として、次を参照。「【号外第二弾】〈ＩＷＪ検証レポート〉米国とウクライナには生物兵器拡散をめぐる法的枠組みが存在する！　米国からウクライナに対して、二〇〇五年以降一七年間も、生物兵器拡散防止に関して資金の流れと共同研究が事実としてある！」二〇二二年三月一七日。
https://iwj.co.jp/wj/member/archives/503568
(99) 「『ウクライナには二五ヵ所以上の米国が資金提供した生物研究所が存在する』トゥルシー・ギャバードが動画で訴え」『寺島メソッド翻訳ＮＥＷＳ』二〇二二年三月二五日。
http://tmmethod.blog.fc2.com/blog-entry-840.html

第9節 〝民主主義の旗手〟ゼレンスキー大統領とウクライナという国の別の顔

その自国内に対して向けられた生物兵器という大量破壊兵器の開発疑惑については沈黙し、日本の国会でのオンライン演説では、ロシア軍によるチェルノブイリ（チョルノービリ）

原発占拠と、化学兵器使用の恐れについて告発したのが、ゼレンスキー大統領である(100)。同大統領のこの演説は、左右を問わず与野党各党の議員により絶賛され、大手書店を訪れれば、彼を〝英雄〟のように礼賛する書籍が目立った時期もあった(101)。米国の週刊誌『TIME』は、二〇二二年末に、彼を恒例の「今年の人」に選出して、民主主義擁護といった文脈と関連させて称えており、日本の主要メディアも異議を唱えることは少ないようだ(102)。

いずれにせよ、ウクライナ政府支持者から見れば、祖国を率いて侵略者との戦いの先頭に立ち、世界各国の支持を取り付けた同大統領が〝英雄〟であることは、間違いないだろう(103)。だが彼および彼が率いる国には、こういったよく知られた顔とは別の側面があることは、日本では一般の報道を通して十分に知られているとは、いいがたいのではないか。

【注】

(100) この演説は、ＮＨＫが全文を収録、公開している。
https://www3.nhk.or.jp/news/html/20220324/k10013548461000.html

(101) 例えば清水克彦『ゼレンスキー勇気の言葉一〇〇』ワニブックス、二〇二二年。日本の主要新聞はさすがにゼレンスキー大統領を直接的に〝英雄〟や〝民主主義の旗手〟と呼ぶことは避けているようだが、実質的にはそのような評価をしていると私は見ている。例えば『朝日新聞』は同氏の「英雄的行動や指導力に畏敬の念を抱く」と告白する『ニューヨーク・タイムズ』の記事を転載している（二〇二二年五月二〇日付朝刊、「コラムニストの眼　トーマス・フリードマン　ロシアのウクライナ侵攻　米に迫る『巻き込まれリスク』」）。同じく『朝日新聞』は、「命をかけても徹底抗戦するゼレンスキーのことば」を、「ヨーロッパ型の議会制民主主義国家」になるための選択として称賛する長谷部恭男・早稲田大学教授の発言を掲載している（二〇二二年四月三〇日付朝刊「戦争と憲法　何を守るのか、それが問題だ　長谷部恭男」）。そもそも、「すべての人のための民主主義を巡る戦い」を米議会の演説で訴えたゼレンスキー氏の発言を無批判に伝えれば、間接的に同氏の自己演出に賛同したことになるのではないか（『読売新聞』二〇二二年一二月二三日付朝刊「『民主主義守る戦い』ゼレンスキー氏演説　米の『支援疲れ』払拭狙う」）。他方で、次のような異論が全国紙に掲載されたこともある。「ウクライナが今日の侵略を招くまでには、二〇世紀末から一〇年ごとに繰り返された政変・革命による分断と非人道的暴力を放置してきた長い荒廃の道のりがあった。その責任も、政治指導者たちの過誤に帰する」。果敢にもこう断言して、「米露代理戦争」という実態まで指摘した「ゼレンスキー氏は英雄か」と題された伊藤智永氏のコラムは、主要メディアのなかでは異色の少数意見として評価できる（『毎日新聞』二〇二二年六月四日付朝刊、「時の在りか」）。

(102) TIME: December 26, 2022/ January 9, 2023.

(103) ただし、対ロシア経済制裁および国連人権理事会追放決議に同調する国は旧西側諸国が中心であり、世界人口の大多数を占める「南側」諸国、即ち旧非同盟諸国では同調しない国が多数であることは、事実として知っておきたい（大西広『ウクライナ戦争と分断される世界』本の泉社、二〇二二年、二～五頁を参照）。

WEFの「代理人」で「大富豪の僕」？

本書序文でも示唆しておいたが、ウクライナ問題は、第2章のコロナ問題と同様に、主権国家を凌ぐ力を持つとされる私的な組織が、初めから深く関与している案件である。一見意外にも、情報通ぶりを発揮しているカトリックのカルロ・マリア・ビガノ大司教が鋭く指摘している通り、ゼレンスキー大統領は、世界経済フォーラム（WEF）の「シュワブ・スクール」の出身である(104)。大司教は、俳優としてのゼレンスキー大統領の出世作『人民の僕』が、数々の国際賞を受けて、同名の政党を設立して二〇一九年の大統領選で劇的な勝利を収めるに至った過程で、WEFの大きな支援があったことを示唆している。「エリートコースに乗っていなければ機関の頂点に登れないと信じてはならない。それどころか政治の世界では見知らぬ人であればあるほど、その人の成功は権力者によって決定されると考えるべきなのだ」。

つまりロシア系・ユダヤ系という少数民族の出自を持ち、いわば全世界を観客とする巨大メディアの劇場において、まさに〝大統領役〟を演じ切る能力を持つゼレンスキー氏は、WEFのような勢力の代理人、もしくは「操り人形」である(105)、という見方であろう。そこには、「ユダヤ人が大統領であるキエフ政権は、ネオナチの政権であるはずがない」といった仕方で、過激なウクライナ・ナショナリスト勢力の隠れ蓑として使われている、という含意があると思われる(106)。

WEF以外の影響力ある国際組織としては、例えば国際通貨基金（IMF）が挙げられる。大司教は、IMFがウクライナへの五〇億ドルの融資と引き換えに、かつてギリシャでおこなったようなさまざまな新自由主義的改革を断行させ、すでに欧州最貧国の一つであるウクライナの窮状に拍車をかけてきた、と告発している。同じ金銭関係では、大司教は「パンドラ文書」に記された大統領のオリガルヒ（大富豪）らからの多額の収賄疑惑にも言及している。寺島氏はそれを受けて「人民の僕」ならぬ「大富豪の僕」だ、と皮肉る(107)。

大司教が「控えめに言っても不穏」と問題視するのは、ゼレンスキー氏が大統領選で流したCMだ。驚愕すべきことに同氏は、汚職者や親ロシア派等の勢力を機関銃で殺戮する、といった派手な役を演じた。寺島氏はこの動画を、ドンバスの民間人を無差別に攻撃することを厭わないウクライナ軍の姿勢を象徴するものとして、読み解いている(108)。そうした勢力と結託しているとされるゼレンスキー大統領は、アウシュヴィッツで収容所運営に協力させられたとされるユダヤ人の部隊「ゾンダーコマンド」のようなものではないか、と寺島氏は指摘する(109)。

大司教は、それ以外にも、ゼレンスキー大統領が野党系のテレビ局を閉鎖し、親ロシア派の有力政治家のヴィクトル・メドヴェドチュク氏らを逮捕させた事実を問題視している(110)。このメドヴェドチュク氏が、本章第1節で言及したオリバー・ストーン氏の『リヴィーリング・ウクライナ』に出演した際、ウクライナは米国やＩＭＦによって「植民地化」されている、と訴えていたことは、特筆に値する。

【注】

(104)「ビガノ大司教が語るゼレンスキー政権の正体：ユダヤ人大統領がネオナチと手を組む不思議」『寺島メソッド翻訳NEWS』二〇二二年四月一日。
http://tmmethod.blog.fc2.com/blog-entry-861.html
https://www.weforum.org/people/volodymyr-zelenskyy
寺島隆吉『ウクライナ問題の正体２』あすなろ社、二〇二二年、七九頁。
他のWEF系政治家としては、ウクライナでの戦争勃発後に中立を放棄してNATO加盟を決断したフィンランドのサンナ・マリン首相、ロスチャイルド系銀行に勤務していたことでも知られるフランスのエマヌエル・マクロン大統領らを挙げることができる。この二人はWEFのいわゆる「ヤング・グローバル・リーダーズ」でもある。以下のサイトで、Marin、Macronで検索。https://www.younggloballeaders.org/community

(105)寺島、前掲書、七八頁。他の論者の見方として、ゼレンスキー政権は米国の「ネオコン・ネオリベ」「軍産複合」によって「リアリティーショーのヒーロー」として生み出された、という痛烈な皮肉を込めたものもある（西谷修「新たな『正義の戦争』のリアリティーショー」『世界』岩波書店、二〇二二年五月号、八〇～九二頁）。

(106)寺島、前掲書、七二頁。

(107)寺島、前掲書、八七頁。ゼレンスキー氏とパンドラ文書の関係については、国際調査報道ジャーナリスト連合（ICIJ）が伝えている。
https://projects.icij.org/investigations/pandora-papers/power-players/en/player/volodymyr-zelenskyy

(108)寺島、前掲書、八二頁。

(109)寺島、前掲書、二〇六頁。ロシア系大統領と過激なウクライナ民族主義勢力の奇想天外な結託は、韓国のナショナリスト勢力といえる旧統一教会の人々と、日本のナショナリスト勢力といえる自民党保守派の人々が、反共や反リベラルの旗の下に共闘してきたことと構造的類似があるといえるだろう。ただしアゾフ連隊にはユダヤ系の人々も参加していることがイスラエルの新聞 Times of Israel によって伝えられている通り、反ユダヤ主義が必ずしもウクライナの「ネオナチ」の特徴ではないことを知っておく必要がある。ただし、反ロシアを一つの重要な特徴とする過激なウクライナ・ナショナリズムに、ロシア系大統領が利用されているという構図を抑えておくことは重要だ。Senior Zelensky adviser: 40 'Jewish heroes' fighting in Mariupol steel plant. 2022/5/15. https://www.timesofisrael.com/senior-zelensky-adviser-40-jewish-heroes-fighting-in-mariupol-steel-plant/

(110) これらの事件は、新聞各紙でも事実として簡単に報道されたが、それが民主主義にとって持つ意味が十分に掘り下げられたとはいえないだろう。

ウクライナの暗殺リストと「民主主義の圧殺者」?

こういった弾圧の最たるものとして、ウクライナでは、悪名高き暗殺リスト「ミロトヴォレッツ」(悪趣味にも、英語では「ピースメーカー」に当たる意味)に名指しされた反体制政治家や、政権に批判的な外国人を含むジャーナリストが、実際に殺害されるといった事件も起きている(111)。有名どころでは、ウクライナに領土割譲による戦争終結を勧めたヘンリー・キッシンジャー氏や、米国による二〇一四年の「クーデター」支援を告発したピンク・フロイドのロジャー・ウォーターース氏も登載されたことがある。本書執筆中には、二〇二二年八月にモスクワ郊外でロシア政権に近い立場とされたジャーナリストのダリヤ・ドゥーギナ氏が幼子と共に殺害された事件について、内部の証言に基づきウクライナ側の関与を指摘する『ニューヨーク・タイムズ』発の情報が飛び込んできた(112)。ネオユーラシア主義の思想家として知られるアレクサンドル・ドゥーギン氏の娘であるジャーナリスト・ドゥーギナ氏もまた、この暗殺リストに入っていた。

この暗殺リストはNGOにより運営されているが、ウクライナの裁判所がその情報を利用しているとその公式ページで堂々と宣言されており、公共機関による「お墨付き」を得ているとみられる(113)。寺島氏はこういったウクライナの「恐怖政治」を指弾し、それに加えて野党一般の禁止、ニュース放送のUnited Newsへの一元化を問題視する。その上でゼレンスキー大統領は、「民主主義の旗手」どころか、逆に「民主主義の圧殺者」だと告発してやまない(114)。

悪魔化されたプーチン大統領の合わせ鏡として称賛されてきたゼレンスキー大統領と彼の率いる国のこうした裏の顔は、日本の主要メディアによって、概ね捨象されてきたのではないか。多面的な存在であるはずの人間のほぼ一面のみに光を当てる報道を展開し続けることで、半ポスト真実的な見方を助長し、人々が複雑な現実を直視する視線を歪めてしまった恐れがある。一般のウクライナ人は、戦争の被害者であるという事実はもちろん動かない。しかし大統領をはじめとする政治経済的権力者らに対しては、より厳しい眼差しを向けることを、ためらうべきではないだろう。彼らの政策の失敗が、今日の戦争を招いた側面があるのだから(115)。

【注】

(111) マックス・ブルーメンタール他「『裏切り者を一人でも減らせ』：ゼレンスキーは、政敵の暗殺、誘拐、拷問といった作戦を指揮・監督していた」『寺島メソッド翻訳NEWS』二〇二二年四月二〇日。
http://tmmethod.blog.fc2.com/blog-entry-893.html
「キエフ政権に疑問を呈する者を対象としたウクライナの公開『暗殺リスト』を、西側メディアは無視。『ミロトウォレッツ』は、独立系メディアやロシアのメディアではトレンドの話題だが、国際的な主流報道機関ではそうではない」『寺島メソッド翻訳NEWS』二〇二二年九月一一日。この記事の出典はRTであるが、筆者はウクライナなどの戦場取材で名高く、自らもこの暗殺リストで指名手配されているカナダ人ジャーナリストのエヴァ・バートレット氏である。
http://tmmethod.blog.fc2.com/blog-entry-1029.html
この「暗殺リスト」は日本の主要メディアではほとんど取り上げられていないが、わずかに『ニューズウイーク』日本語版が動画付きで伝えている。「プーチン盟友の娘『爆殺事件』の裏にある残虐ウェブサイトの『暗殺リスト』」二〇二二年九月三日。
https://www.newsweekjapan.jp/yamada_t/2022/09/post-4_1.php

(112) U.S.Believes Ukrainians Were Behind an Assassination in Russia, 2022/10/5.
https://www.nytimes.com/2022/10/05/us/politics/ukraine-russia-dugina-assassination.html

(113) https://myrotvorets.center/158417-about-myrotvotrets-center/

(114) 寺島、前掲書、八九〜九〇頁。

(115) ロシア・ウクライナ研究者の松里公孝・東京大学教授は、二〇一九年の選挙で内戦終結を訴えて当選したゼレンスキー大統領が、公約を破って泥沼化させたことが、今回の戦争を招いたと指摘している。「ゼレンスキーを大統領にした過ち」『The Liberty』幸福の科学出版、二〇二二年一〇月号、九〇～九三頁。この記事で松里氏は、欧米の政治家の演説も丁寧に紹介してからディベート方式で報道する点に注目し、「ロシアのマスコミは日本より優れている点」があると断言している。これ以外にも、「ウクライナの本体を叩くことによってしかウクライナの砲撃から解放されない」というドンバス人らの証言を伝えたりするなど、新鮮な視点を提供してくれている。なお、この雑誌の発行母体が新興宗教団体であることを、訝しく思う方もいるかもしれない。私はいかなる宗教勢力にも与するものではないし、この雑誌の原発推進論や過剰な中国敵視論等に賛同するわけでも全くない。ただし、どのような団体の雑誌であれ、とりわけ外部の有識者の原稿は別物として、公正かつ価値中立的に評価するべきだと考えている。『The Liberty』はコロナ・ワクチン問題でも、主要メディアの報道ではほとんど見られなかった貴重な少数派である外部筆者・専門家の記事を掲載しており、第２章で引用することになる。

第10節 ザポリージャ原発への攻撃とノルドストリーム爆破を巡る問題

本章の最後に、第9節で言及したゼレンスキー演説による主張も受けて、ザポリージャ／ザポロジエ原発を巡る問題を、簡単に検証したい。二〇二二年三月以来ロシア軍が占領しており、危険なインフラ敷地内を戦場にしたこと自体が大問題で国際法違反だ、という批判に正当性があることは当然だ。けれども、原発施設への砲撃が続く中、日本の主要メディアでは、どちらがその攻撃を実行しているのかについて、深い探究がなされているようには見えない。けれども、誤射を除けば、原発を占領している勢力が、まさに自分たちがいるところを砲撃することはありうるか、という疑問が湧くのは当然だろう。

ここで必見と思われるのが、ロイター・AP発で英紙『ガーディアン』のウェブ版に掲載されている二〇二二年八月一四日公開の情報である(116)。この記事に添付されている動画では、ゼレンスキー大統領が、原発内のロシア軍に対して、攻撃対象とする旨を宣言しているのである。こうした報道・動画すら、現におこなわれてきた砲撃の実行者を特定する絶対的な証拠にはならないのかもしれない。けれども、ロシア軍が自らの占拠地を砲撃するのは、やはり不可解ではないか、という疑問を裏付けるものであるとはいえる。それほど重要な参考資料であるにもかかわらず、これを伝えることを差し控えた主要メディアは、暗黙のうちにウクライナの肩を持ち、半ポスト真実的状況を招いた可能性があるのではないだろうか。寺島隆吉氏が言及しているように、二万人のザポリージャの住民が、原発を攻撃したのはウクライナ軍である、と伝える署名をＩＡＥＡに手渡した、という現地からの有力な情報もあることを知っておきたい(117)。

無論、ロシア側がおこなってきたインフラ施設への攻撃の有害性を、軽く見るつもりはない。しかし、ＮＡＴＯ諸国とロシアの直接対決による核戦争に劣らぬ現実的な危機が、原発において差し迫っていたのも事実だ。そうである以上、特定の重要な情報を出さないことが、人々が現状を正確に認識することに資するのか、問うべきであろう(118)。

原発への攻撃と類似した重大な事件として、二〇二二年九月に、ロシアから欧州への天然ガスパイプラインであるノルドストリームが爆破された事実にも、一言言及しておきたい。この爆破事件は、特にエネルギー不足に悩む欧州諸国にとって、大きな経済的打撃となっている。日本の主要メディアによる報道を見ていると、誰が爆破したのか、ということについて、深い探究がなされているようには見えない。とりわけ、ゼレンスキー大統領による原発攻撃予告宣言に匹敵するような大胆な事前予告が、米側によってなされていたことの意義が、主要メディアによって十分に論じられたことはなかったのではないか。

具体的には、本書でも吟味してきたように、ウクライナ情勢を巡って二〇一四年以来、目覚ましい〝活躍〟を見せてきたヴィクトリア・ヌーランド米国務次官がまたしても登場する。彼女は実は、開戦前の二〇二二年一月二八日に、記者会見の場で、「もしロシアがウクライナを侵略したら、何らかの仕方で（one way or another）、ノルドストリーム2の件は前進しなくなるであろう（will not move forward）」と堂々と明言していた(119)。

翌二月には、他ならぬバイデン米大統領が、ドイツのオラフ・ショルツ首相との共同記者会見において、「ロシアがウクライナを侵略した場合、我々はノルドストリーム2を終わらせるであろう（We will bring an end to it）」と宣言している。バイデン氏は、米国が管轄しているわけでもない設備を、具体的にどうやって「終わらせる」つもりなのか、と記者に質問されても、「我々はそれができると約束する」と微笑むばかりであった(120)。

大統領や政治家がかつてこのように宣言したからといって、米国が実際にパイプラインを破壊した、ということにはならない。けれども、パイプラインの元栓を閉める権限を持つロシアが、自らの権益に関わる重要な設備を果たしてあえて破壊するのか、という常識的な疑問を補強する発言ではあろう。

公正な評価のために申し添えておくと、実は主要メディアも、バイデン大統領の二月の問題発言を、当初は忠実に伝えていた(121)。伝えたこと自体は評価できるが、問題であるのは、実際にノルドストリームの爆破が起きてから、この発言を蒸し返すこともなく、デンマーク国防相による「ロシアがかかわっているのも見方をにじませた」といった発言を紹介するだけで、何ら深い探究をおこなわなかった、ということだと思われる(122)。そこに「悪いことをするのは常にロシア」といった偏見がなかったのか、反省する余地があるのではないだろうか。

【注】

(116) Volodymyr Zelenskiy issues warning to Russian soldiers at Zaporizhzhia nuclear plant-video. https://www.theguardian.com/world/video/2022/aug/14/ukraine-target-russian-forces-zaporizhzhia-nuclear-plant-zelenskiy-video

私はこの記事の存在について、二〇二二年八月一七日付の『櫻井ジャーナル』に教示を受けた。「ゼレンスキー大統領の予告通り、ウクライナ軍はザポリージャ原発を攻撃し始めた」https://plaza.rakuten.co.jp/condor33/diary/20220817/

ＩＷＪもまた、このガーディアン報道に注目し、二〇二二年八月一七日の号外では、「ロシアの肩をもつつもりは毛頭ありませんが、どう考えても、ロシア側の主張の方が、筋が通っています」という見解を示している。「ウクライナのザポリージャ原発砲撃をめぐり、ゼレンスキー大統領が『原発から攻撃してくるロシア軍人はウクライナ軍の特別な標的』と警告！　自国の原発に向けて攻撃するつもりか!?」。

https://iwj.co.jp/wj/member/archives/509571#memberB

(117) Journalists Witnessed Ukrainian Saboteurs' Failed Storming of Zaporozhye NPP, 2022/9/4, *Internationalist 360°*.

https://libya360.wordpress.com/2022/09/04/journalists-witnessed-ukrainian-saboteurs-failed-storming-of-zaporozhye-npp/

寺島隆吉『ウクライナ問題の正体3』あすなろ社、二〇二二年、一三三～一三五頁。

(118) 実は主要メディアのなかにも、「原発に向けて撃ったり原発から撃ったりするロシア兵は、我が軍の特別な標的になっている」というゼレンスキー大統領の警告に注目した記事はないわけではなかった(「『原発狙撃兵、特別な標的』ウクライナ大統領が警告」『日経』二〇二二年八月一五日付朝刊)。だがこの発言から、だから原発を攻撃したのはウクライナ軍であろう、といった推論がなされることがないのは、ウクライナ擁護の姿勢を崩したくないためであろうか。

(119) US Warns: 'Nord Stream 2 Will Not Move Forward' If Russia Invades Ukraine.

なお情報源は、米有力誌『フォーブズ』である。

https://www.youtube.com/watch?v=ild-PsPD_Uw

(120) President Biden on Nord Stream 2 Pipeline if Russia Invades Ukraine: "We will bring an end to it."

この会見の動画は、米放送局 C-span 提供で視聴できる。

https://www.youtube.com/watch?v=OS4O8rGRLf8

会見の記録は、ホワイトハウスのホームページでも確認できる。

Remarks by President Biden and Chancellor Scholz of the Federal Republic of Germany at Press Conference.

https://www.whitehouse.gov/briefing-room/statements-releases/2022/02/07/remarks-by-president-biden-and-chancellor-scholz-of-the-federal-republic-of-germany-at-press-conference/

この二つの発言について、私は『櫻井ジャーナル』により教示された。

「米国がノード・ストリームを爆破したと疑う人を陰謀論者と有力メディアは批判」二〇二二年一〇月二日。https://plaza.rakuten.co.jp/condor33/diary/202210020000/

櫻井氏は、二〇二二年六月に爆破現場付近でおこなわれた軍事演習など、米国による犯行を示唆する状況証拠も、複数挙げている。

「ノードストリームを破壊したのはアメリカだという状況証拠が増えている」二〇二二年九月二九日。
https://plaza.rakuten.co.jp/condor33/diary/202209280000/

(121)『朝日新聞』二〇二二年二月八日付夕刊「米独首脳、ロシア対応一致　米大統領『侵攻ならガス停止』」。
『読売新聞』二〇二二年二月八日付夕刊「米独『厳しい制裁』一致　ウクライナ情勢　首脳会談連携強調」。
『毎日新聞』二〇二二年二月九日付朝刊「ウクライナ情勢　対露制裁、米独に温度差　ＮＳ２凍結、ショルツ氏明言せず」。『日経新聞』二〇二二年二月九日付朝刊「独、対ロ制裁で米に歩み寄り、ガス管巡り温度差も」。

(122)『朝日新聞』二〇二二年九月二九日付朝刊「海底パイプライン　破壊工作か　ロシア――欧州　不可解なガス漏れ」。『読売新聞』二〇二二年九月二九日付朝刊「独露ガス管漏れ　破壊工作か　露の揺さぶり見方」も、バイデン大統領の発言を振り返ることなく、「専門家の間ではパイプラインなどの脆弱性を見せつけるためにロシアが関与したとの見方がある」と述べているだけで、同じ傾向である。

二〇二三年二月には、ベトナム戦争時以来の実績を誇るベテランジャーナリストのシーモア・ハーシュ氏が、ノルドストリームを破壊したのは米国とノルウェーであるという報道をして、欧州では大きな反響を起こしているが、日本の主要メディアの反応はやはり鈍いようだ。

Seymour Hersh, How America Took Out The Nord Stream Pipeline, in: *Substuck*, 2023/2/8.
https://seymourhersh.substack.com/p/how-america-took-out-the-nord-stream
邦訳はレイチェル・クラーク訳、乗松聡子編集「調査報道家シーモア・ハーシュ氏による記事「米国はいかにしてノルドストリーム・パイプラインを破壊したのか?」」、『ＩＳＦ独立言論フォーラム』、二〇二三年二月一五日。https://isfweb.org/post-15397/

第2章

コロナ禍・ワクチン・イベルメクチンを巡る報道において現れた半ポスト真実的状況

第1章ではウクライナ情勢を巡るプラットフォーマーの振る舞いや、主要メディアがほとんど報道しなかった重大な出来事を列挙し、分析した。こうした重大事件がほとんど報道されないことにより、本書で言うところの半ポスト真実的状況が出現し、事実上、不作為による消極的情報操作、世論誘導がおこなわれたとみなさざるをえないと私は考える。

本章では、ウクライナ危機と構造的に見て同型の事態が、コロナ禍・ワクチン危機を巡っても出来していたことを、幾つかの実例に基づいて提示していく。

ウクライナ危機を巡っては、ロシアのみを非難すべきだとする見方と、米国・ウクライナ側の責任も共に問うべきだという見方の対立があるにもかかわらず、後者に有利になる事実や見方がほとんど報道されなかったり、排除されたりした事例を論じた。

コロナ問題を巡っては、「革新的技術の結晶であるmRNAワクチンはコロナ制圧に非常に有効な切り札であり、多少の副反応があったとしても許容範囲であり、接種を推進すべきである」といった、少なくともこれまで優勢だったと思われる見方がある。だがこれに対して、「mRNAワクチンは未完成な技術であり、十分な効果はない。むしろ副反応・後遺症の方が深刻であり、特にオミクロン株蔓延下では、接種を推進すべきではない」といった専門的知識を踏まえた見方もあることは、これまで十分に知られてこなかったと思われる。後者の見方に関する報道が極めて不十分であり、プラットフォーマーがウクライナ危機以上に露骨に削除・排除を続けた結果、半ポスト真実的状況が出来した実態を、浮き彫りにすることを試みる。

異論を貶める「闘争概念」としての「反ワク」という言葉の側面

本章の初めに断っておきたいのは、第1章で私が戦争の正当化を試みたわけではないのと同様に、私が所謂「反ワクチン」（反ワク）の潮流に与するわけではない、ということだ。この際私は、反ワクチンを、いかなる条件でもワクチン接種を受けるべきではない、と主張する立場として理解している[123]。私が指摘したいのは、ワクチンの有効性と安全性、特に副反応・後遺症の可能性について十分な情報が与えられない状況において、接種推進ばかりを唱えるプラットフォームや主要メディアの情報発信の偏りによって、結果的に健康に関する一部の有益な判断材料が隠されているのでは、という疑問である。そもそも反ワクという言葉が、私がかつて分析したことがある「ポピュリスト」という概念と同じく、異論を唱える他者を貶め、信憑性を剝奪する為の「闘争概念」として使われているのでは[124]、という問題意識を持つ必要がある。子宮頸がんワクチン接種後の有害事象に苦しむある女性が、「副反応による健康被害と向き合っていない人々が、健康被害者を『反ワクチン派』とひとくくりにする」傾向に懸念を示し、しかもこの言葉には「反社会的ニュアンスが含意されている」のでは、と訴えていたことも参考になる[125]。ワクチン接種が「社会防衛」という大義名分で推進されてきた以上、それに異議を唱える者は反社会的だ、という思考回路が見て取れる。最先端科学の結晶であるワクチンを忌避する者は非科学的で感情的な愚か者だ、といった含意もあるかもしれない。ちなみに、英語の俗語である antivaxxer もまた、『ケンブリッジ英語辞典』電子版の偽情報といった言葉が出てくる例文を読む限り、反ワクのような侮蔑的含意があると考えられる[126]。

この話題に関連して、自分であれば抗体依存性感染増強（ＡＤＥ）を起こしえない、より良いコロナワクチンを全く別の発想でつくる、と宣言する宮沢孝幸氏のような真摯な専門研究者がいる。そうした有識者まで、現行のｍＲＮＡワクチンに対して批判的であるという理由で、反ワクと粗雑に分類され、同業の学者らから猛烈な攻撃にさらされているという実態がある[127]。ちなみにＡＤＥとは、「ウイルス粒子に抗体が結合することで感染が増強する現象」である[128]。主要メディアの報道で盛んに強調された抗体だが、感染を中和するものばかりではなく、逆効果になる抗体も発生しうるということだ。ワクチン接種後三週間半後にコロナに感染し、多臓器不全で死亡した患者の解剖を報告した論文を、実質的にＡＤＥが起こった症例として読み解く研究者もいる[129]。

一九七〇年代に日本でおこなわれたワクチン禍訴訟を支援した英国の専門家であるディック博士のものとして伝えられる次の言葉は、現在でも十分に通用すると考えられる。「自分はワクチン反対論者ではなく、真剣なワクチン論者だ。それゆえにこそワクチン万能主義の危険を真剣に考えるのだ」(130)。

本章で紹介、分析するような現行のコロナワクチンにとって不利になるであろう事実も十分に承知した上で、それでも接種を受けたい人の自由意志や選択の権利は、もちろん尊重したい。有効性・安全性のより高いワクチンが出てくることも、望ましいと考えている(131)。ただ十分な情報が行きわたらないまま、現行のワクチンの接種を受けたことを後悔する人が続出することを、恐れている。すでに判明している数々の欠陥や疑惑に鑑みるに、無償（即ち国費＝税金負担）の接種にすら疑問がある。十分な判断能力を持ちえないとされる年齢の未成年者、とりわけ乳幼児への接種には、極めて慎重であるべきであろう(132)。

【注】

(123)「自分自身および子どもに対するワクチンの接種に反対し、拒否しようとする価値観や思想」という橋迫瑞穂氏の暫定的定義を参考にしている。「『ワクチンを語る』という欲望」『現代思想』青土社、二〇二〇年一一月号、一五三〜一六二頁。

(124) 嶋崎史崇「アーレント政治思想における『ポピュリズム的』要素――その『反ポピュリズム』的要素も顧慮しつつ」名古屋哲学研究会編『哲学と現代』第三五号、二〇二〇年、六二〜八五頁。

https://sites.google.com/site/nagoyaphilosophy/journal/%E7%AC%AC35%E5%8F%B72020%E5%B9%B42%E6%9C%88

Mudde, C. and Kaltwasser, C. R., *Populism. A vert short introduction*, Oxford University Press, 2017, pp.1-2（電子版）. カス・ミュデ／クリストバル・ロビラ・カルトワッセル・永井大輔・高山裕二訳『ポピュリズム　デモクラシーの友と敵』（白水社、二〇一八年、七頁）で原語の Kampfbegriff は「論戦用語」と訳されている。

(125) 野口友康『「犠牲のシステム」としての予防接種施策』明石書店、二〇二二年、一四六頁。

(126) https://dictionary.cambridge.org/ja/dictionary/english/antivaxxer

トランプ派のようなポピュリズム勢力と反ワクチン派が重なると指摘し、科学を無視する態度や、政治不安、社会不信とも関連付けた分析として、次の論考を参照。吉田徹「社会的な構成物としてのウイルス　反ワクチン・ポピュリズム・信頼」『現代思想』青土社、二〇二〇年一一月号、一四五〜一五二頁。この見方に対しては、本書で引用するような最先端の科学的見地からのｍＲＮＡワクチン批判者も数多く存在することも知っておくべきである。

(127) 宮沢孝幸『コロナワクチン失敗の本質』（鳥集徹氏との共著）、宝島社、二〇二二年、九一、一五六〜一五七頁参照。

(128) ＡＤＥの構造は、大阪大学微生物研究所の次の発表文がわかりやすく解説している。「新型コロナウイルスの感染を増強する抗体を発見―― COVID-19 の重症化に関与する可能性――」二〇二一年五月二一日。

http://www.biken.osaka-u.ac.jp/_files/_ck/files/researchtopics/2021/2021LiuArase-Cell-210617.pdf

なおＡＤＥについては、感染症研究者の岡田晴恵氏が、新型コロナウイルス感染症対策分科会会長の尾身茂氏ですら知らなかった、と証言している（岡田晴恵『秘闘――私の「コロナ戦争」全記録――』新潮社、二〇二一年、二四八〜二四九頁）。

(129) 荒川央「初の病理解剖からわかったこと」二〇二一年六月二一日。
https://note.com/hiroshi_arakawa/n/na8399fa5fe4c

(130) 吉原賢二『私憤から公憤へ　社会問題としてのワクチン禍』岩波書店、一九七五年、二〇三頁。

(131) 私自身の考え方は、野口友康氏の分類枠組みに従えば、推進言説、反対言説とは区別される中間言説のなかの「ワクチン選択言説」に近い。「ワクチン選択言説は、ワクチンごとに必要性・有効性・安全性を判断し、すべてのワクチンを接種するのではなく、選択的に慎重にワクチン接種を進める言説である」。野口友康『「犠牲のシステム」としての予防接種施策』明石書店、二〇二二年、二五二頁以下。

(132) 特に健康な子どもへの接種について、①（接種は子ども自身のためだという）パターナリスティックな論拠、②高齢者ら他者に対する間接的保護等を巡る利他的な論拠、③新型コロナウイルスを地球規模で根絶する、という論拠がいずれも成り立たないことを論証した研究として、以下を参照。Kraaijeveld, S.R., et al, 'Against Covid-19 vaccination of healthy children', in: *Bioethics*, John Wiley and Sons Ltd, vol.36, issue 6, July 2022, pp.687-697.

第1節 新型コロナウイルスに関するネット上の情報統制、およびWHO追従という問題

ユーチューブによる明確な排除指針

ウクライナ危機についての論述をプラットフォーマーに関連する問題で始めたので、コロナ問題についても、この論点から始めよう。

動画配信の世界的大手であるユーチューブは、非常に不透明な仕方で、オリバー・ストーン氏の緻密に根拠づけられた作品を削除・排除してきた。それに対して、コロナ・mRNAワクチンについては、明確な基準を設けて、特定の情報を排除している。公開されている「COVID-19(新型コロナウイルス感染症)の医学的に誤った情報に関するポリシー」によると、例えば次のような内容の動画は許可されず、警告の上削除対象になり、チャンネルやアカウントの停止もありうると明記している(133)。

○ COVID-19の治療法としてイベルメクチンまたはヒドロキシクロロキンの使用をすすめるコンテンツ

○ イベルメクチンはCOVID-19の治療に効果があると断定的に主張する

○　イベルメクチンとヒドロキシクロロキンはCOVID-19の予防に使用しても安全だと主張する
○　COVID-19の予防法としてイベルメクチンまたはヒドロキシクロロキンの使用をすすめるコンテンツ
○　公認のCOVID-19検査ではCOVID-19を診断できないと主張する
○　COVID-19の死亡率が風邪や季節性インフルエンザの死亡率以下であると主張する
○　COVID-19よりインフルエンザの方が死亡率が高いと主張する
○　COVID-19ワクチンを接種した人は死亡すると主張する

もし本書の内容を読み上げる動画を私がユーチューブで配信したら、即座に削除処分となるのかもしれない。これらの方針の意味するところは、要するに、「地域の公衆衛生当局やＷＨＯがすすめる方法と矛盾する」治療・予防方法を広めようとするコンテンツは一切許されない、ということだ。つまり、厚生労働省・ＷＨＯ無謬説が採用されていることになる。全く無根拠な誤情報・偽情報の拡散対策の必要性は理解するが、学問的に論争の対象となっている、または公式なデータで確認されている事実も、削除対象にされているという実態があることを知っていただきたい。

【注】
(133) https://support.google.com/youtube/answer/9891785?hl=ja

追放された専門家による座談会動画の中身（図3、4、5）

例えば次の東北医師有志の会の動画「〈緊急座談会第二弾！〉オミクロン型対応ワクチンをすすめない理由」（二〇二二年八月二九日投稿）を見てほしい(134)。抗体作製の権威である村上康文・東京理科大学名誉教授らが、コロナワクチンの追加接種率で世界有数の日本が、二二年八月の第二週に感染者数で一位、死者数で二位になった状況を、免疫抑制・抗原原罪といった理論に基づいて説明している。抗原原罪とは、例

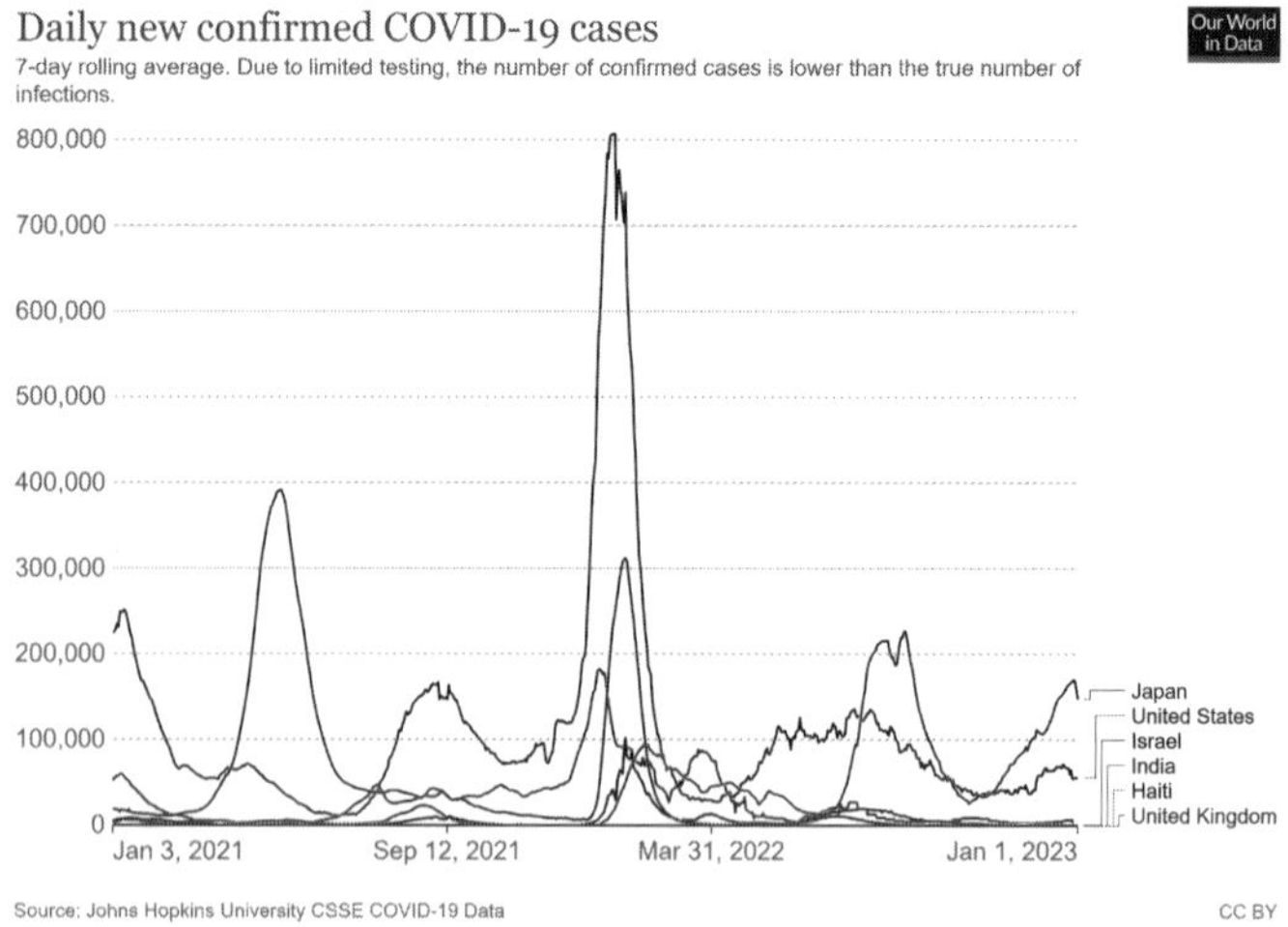

図3　1日当たりのコロナ新規感染者数

えば中国で発見された元来の株に対する抗体がワクチンによって誘導されると、追加接種をしてもオミクロン型に対して有効な抗体が産生されなくなり、却って感染を防げなくなる、という現象である(135)。この動画では、Our World in Dataの統計に基づき、ワクチン接種をほとんどしなかったハイチでは感染者が極めて少なく、すでにパンデミック自体が終息していることも明らかにされている(136)。

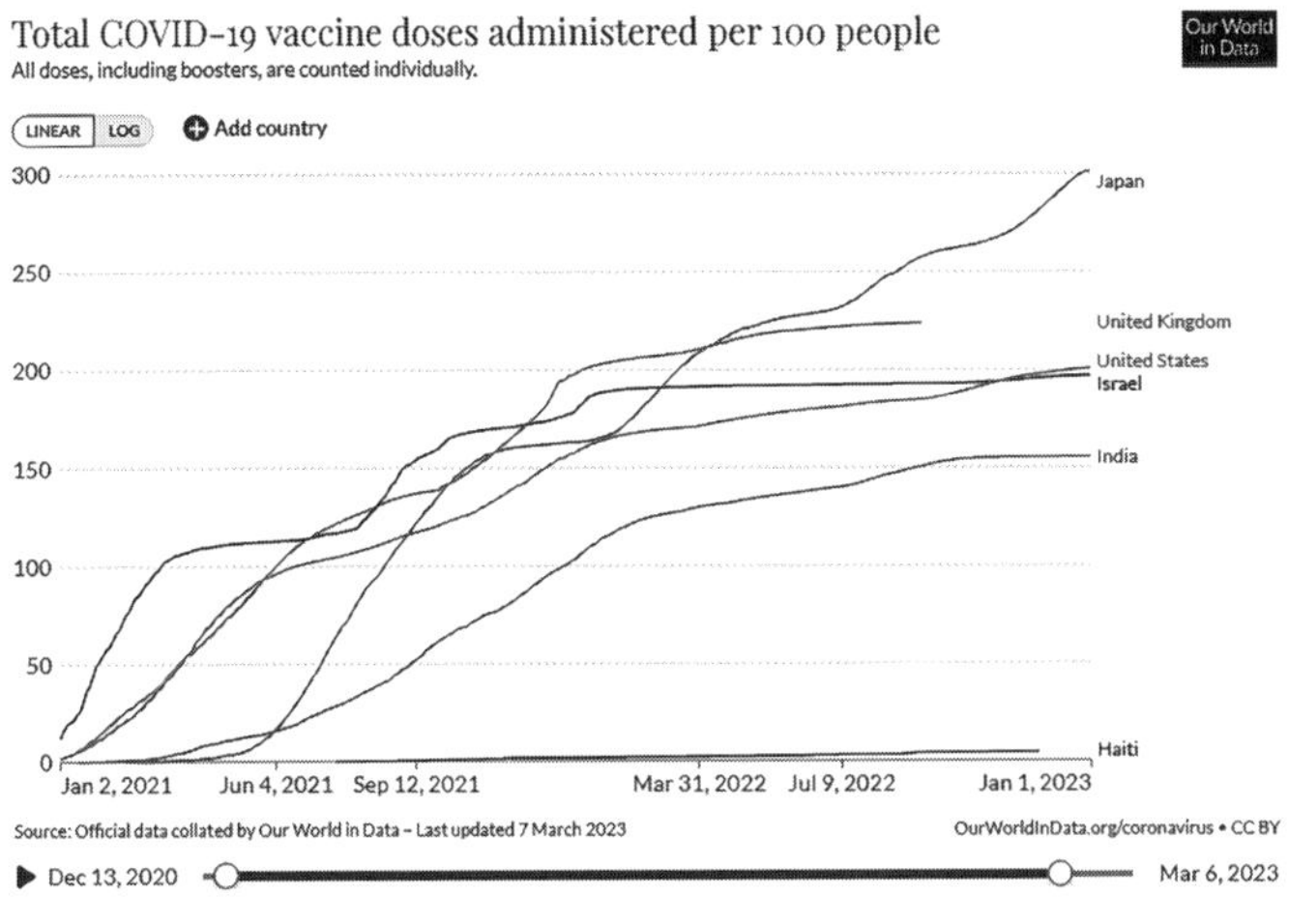

図4　100人当たりのワクチン接種者数
Edouard Mathieu,Hannah Ritchie,Lucas Rodés-Guirao,Cameron Appel,Charlie Giattino,Joe Hasell,Bobbie Macdonald,Saloni Dattani,Diana Beltekian,Esteban Ortiz-Ospina and Max Roser (2020) - "Coronavirus Pandemic (COVID-19) ".Published online at OurWorldInData.org.Retrieved from:https://ourworldindata.org/coronavirus

【注】

(134) https://www.nicovideo.jp/watch/sm40998900

(135) 動画のなかで挙げられている論文は以下で閲覧できる。C.J.Reynolds,et.al.,'Immune boosting by B.1.1.529 (Omicron) depends on previous SARS-CoV-2 exposure' in:*Science*,2022/6/14.
https://www.science.org/doi/10.1126/science.abq1841

(136) 次の記事もご参照いただきたい。ティモシー・アレクサンダー・グズマン「ワクチン接種をためらったおかげで、ハイチはCovid-19の症例数や死者数が、西半球で最も少ない数で済んだ」『寺島メソッド翻訳NEWS』二〇二一年九月二七日。

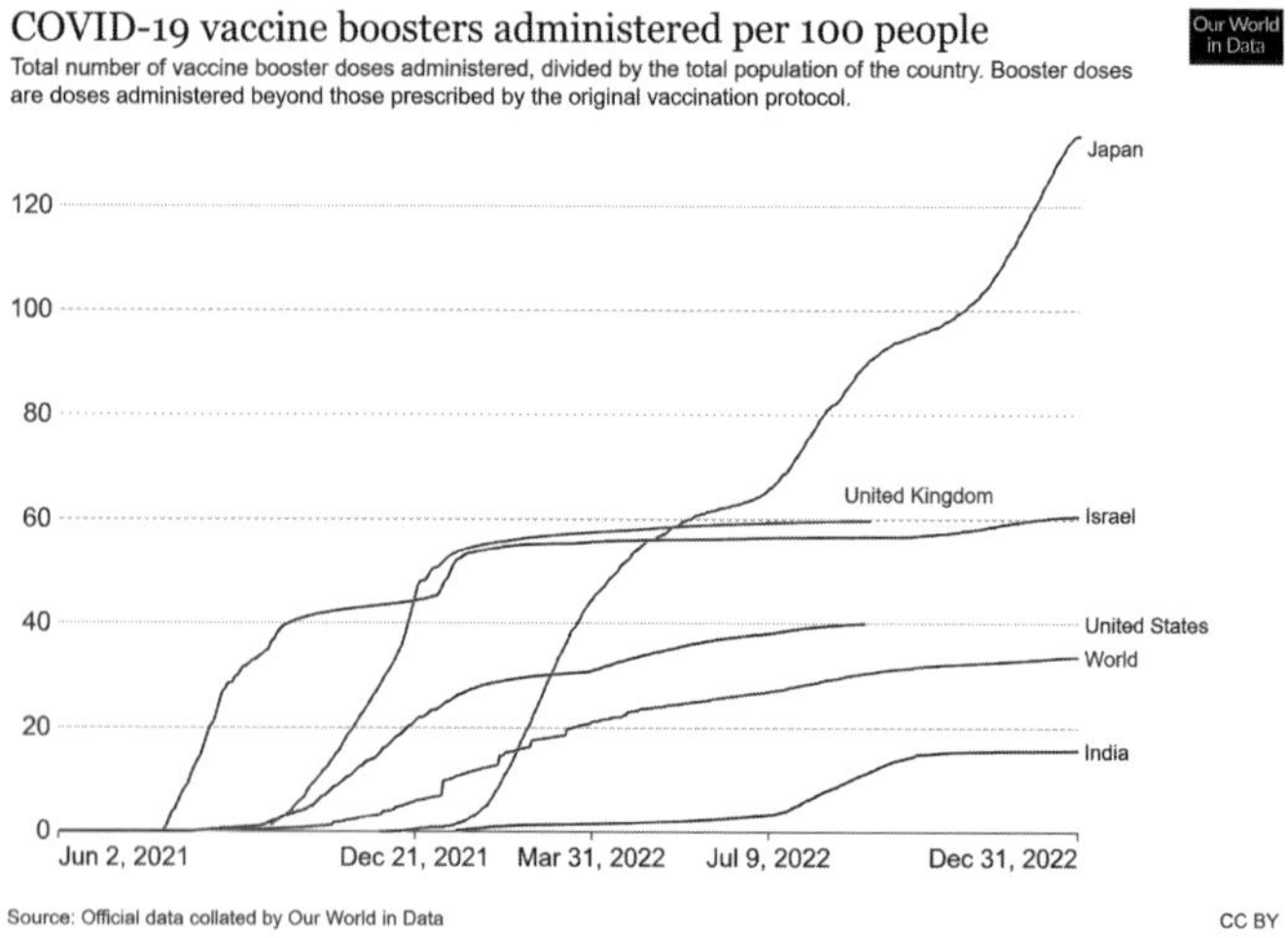

図5
https://ourworldindata.org/covid-vaccinations
100人当たりの追加接種で、日本はかつてのワクチン先進諸国を追い越し突出している。

http://tmmethod.blog.fc2.com/blog-entry-1047.html

WHO追従でいいのか

にもかかわらず、WHOの公式見解に反する情報は、村上氏らのこの動画のように、確固たる証拠に基づく専門家による意見表明であっても、ユーチューブによって削除された（後に〝復活〟したことを確認）。本当に専門家に対する敬意があるのならば、少数意見であっても、丁寧に耳を傾ける必要があるのではないか。多数意見だけを聞いて足れり、とするのであれば、それは専門家一般を尊重しているのではなく、多数派に従属しているにすぎない、ということになるだろう。

日本の主要メディアにおいては、とりわけWHOに対する信頼が絶大であるようだ。しかしWHO自体は、決して中立的な組織ではないことを、知っておく必要がある。WHOの主要資金源はゲイツ財団やそれに近いGAVIアライアンスであり、利益相反の疑いがあるため、「あまりに人間的な」組織なのだ(137)。WHOの戦略的諮問グループ（SAGE）による「ワクチン接種へのためらい（忌避）報告書」を分析し、そこに接種を忌避する権利がない、という重大な論点を見出した野口友康氏の視点にも学ぶ必要がある(138)。WH

Oでは接種推進という結論が初めから決まっており、人々の自己決定権を尊重していない、という疑いがあるからだ(図6)。

無論、ビル・ゲイツ氏も、言わずと知れたGAFAMの一角であるマイクロソフト創業者である。こういった資金源の問題に鑑み、公的国際機関は、ゲイツ氏や私的民間組織WEFに「乗っ取られている」、という厳しい指摘すらある[139]。巨大製薬会社と並んで、マイクロソフトなどの巨大IT企業こそ、コロナ禍において最も莫大な利益を計上している集団ということを忘れてはならない[140]。ゲイツ財団が寄付という形で、BBC、NBC、独誌シュピーゲルなど、世界中の著名メディアを支配し、コロナワクチンに関する論争にも影響力を

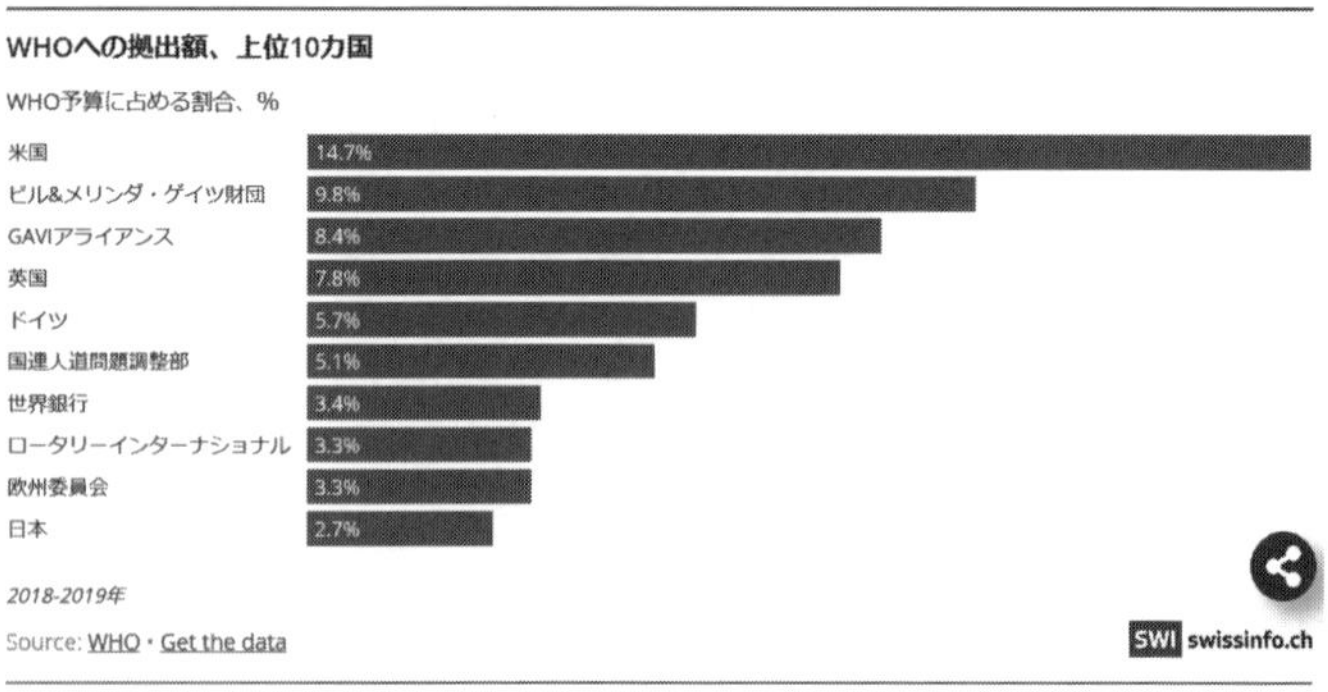

図6
出典：https://www.swissinfo.ch/jpn/politics/新型コロナウイルス_世界保健機関-who--米国の資金拠出の実態は-/45696414
SWI swissinfo.ch, Simon Bradley & Jonas Glatthard, 2020/04/17, Source: WHO

持っているという批判も、知っておきたい(141)。

【注】

(137)ウィリアム・エングダール「WHOは信頼できる組織か?」『寺島メソッド翻訳NEWS』二〇二〇年四月一〇日。http://tmmethod.blog.fc2.com/blog-entry-231.html
実は二〇〇九年の新型インフルエンザとワクチンを巡っては、当時の新聞はWHOと製薬会社の癒着を追及する記事を堂々と掲載していた。例えば「WHOと製薬会社、パンデミックあおる? 癒着疑惑、欧州会議が調査」(『朝日新聞』二〇一〇年一月一三日付)、「『パンデミック』誇張? WHOと製薬会社『黒い疑惑』」(『東京新聞』二〇一〇年一月二五日付)。今回の新型コロナ・mRNAワクチン禍を巡ってこそ、このような検証が必要だと思われるが、そうした報道が主要メディアではほとんど見受けられないのは、なぜなのだろうか。

(138)野口友康『「犠牲のシステム」としての予防接種施策』明石書店、二〇二二年、二三八〜二三九頁。野口氏が分析したWHO／SAGEの報告書REPORT OF THE SAGE WORKING GROUP ON VACCINE HESITANCY（二〇一四年一〇月)は、現在では次のサイトで入手できる。
https://www.medbox.org/document/report-of-the-sage-working-group-on-vaccine-hesitancy#GO

(139)寺島隆吉『コロナ騒ぎ謎解き物語　コロナウイルスよりもコロナ政策で殺される』あすなろ社、二〇二一年、八一頁。

(140)イーロン・マスク氏、ジェフ・ベゾス氏、マーク・ザッカーバーグ氏、ビル・ゲイツ氏らIT長者のコロナ下における巨額の利益計上と納税回避については、寺島隆吉氏がわかりやすくまとめている。『コロナ騒ぎ謎解き物語』あすなろ社、二〇二一年、一八四頁。

(141)ジョイス・ネルソン「億万長者ビル・ゲイツのメディア支配：ロバート F ケネディ・ジュニアを徹底的に誹謗中傷」『寺島メソッド翻訳NEWS』二〇二一年一月七日。
http://tmmethod.blog.fc2.com/blog-entry-476.html

日本のメディアがゲイツ財団から寄付を受け取っているとは記載されていない。だが、例えば朝日新聞社主催の「朝日地球会議」が、二〇二二年一〇月にゲイツ財団職員を招いて「ポスト・コロナを生きるためのグローバルヘルス」に関するシンポジウムを開催するなど、連携する動きは見て取れる（『朝日新聞』二〇二二年一一月八日付朝刊「世界の健康　私の問題に」）。

医師・地方議員による陳情動画も削除

二〇二一年六月には、二一〇人の医師・一八〇人の歯科医・六〇人の地方議員と共に、接種の中止の嘆願書を厚生労働省に提出した高橋徳医師（ウィスコンシン大学名誉教授）の動画が、ユーチューブによって削除された(142)。この動画では、厚生労働省の資料を用いて、例えば、二〇一八年のインフルエンザ死者数（三三二五人）と二〇年のコロナ死者数（三四六六人）がほとんど変わらないという事実が実証されている。しかもコロナの死者数に関しては、厚生労働省の方針により、主な死因がコロナでなくても、陽性であればどんな死因でも、コロナ死として認定することが決められている（図7）。そのため、そもそもコロナ死者数は、大幅に水増しされている側面があることを、念頭におく必要がある。この動画では、他にもいわゆる無症状陽性者からの感染伝播が〇《ゼロ》に近いという研究結果が、正式な査読論文に基づき示されているので、ご覧いただきたい(143)。

【注】

(142) 現在は動画サイトRumbleで視聴できる。
https://rumble.com/vj9ru5-press-conference-june-242021.html

(143) Cao,S.et al., 'Post-lockdown SARS-CoV-2 nucleic acid screening in nearly ten million residents of Wuhan,China', in:*Nature Communications*, volume 11, Article number:5917, 2020/11/20.
https://www.nature.com/articles/s41467-020-19802-w
荒川央氏はこの論文を解説して、〇《ゼロ》というのは極端であるため結果は検査の運用にも左右されうるし、変異株によっても影響を受けると留保しつつも、無症状陽性という状態は恐ろしいものではないと結論づけている。荒川央『コロナワクチンが危険な理由』花伝社、二〇二二年、四七頁。

インスタグラム、ツイッターも情報操作

確固たる根拠を伴う多数の専門家による異論をなきものにし、WHO及び厚生労働省に無批判に追随する方針が本当に正しいのか、考える必要がある。東北有志医師

問２　都道府県等の公表する死亡者数は、どうすべきか。

（答）

○　新型コロナウイルス感染症の陽性者であって、入院中や療養中に亡くなった方については、厳密な死因を問わず、「死亡者数」として全数を公表するようお願いいたします。

なお、新型コロナウイルス感染症を死因とするものの数を都道府県等が峻別できた場合に、別途、新型コロナウイルス感染症を死因とする死亡者数を内数として、公表することは差し支えありません。

図７　厚労省事務連絡令和２年６月18日
「新型コロナウイルス感染症患者の急変及び死亡時の連絡について」から引用。
https://www.mhlw.go.jp/content/000641629.pdf

の会の活動も、高橋徳医師らの嘆願書提出も、主要メディアによってほとんど報道されていないことを、ここに注記しておきたい(144)。それどころか、東北有志医師の会については、GAFAMの一角を形成するフェイスブック（メタ）と同系列であるインスタグラムから、「あなたのアカウントまたはアカウントのアクティビティは、身体的危害を及ぼす可能性のある偽情報に関するコミュニティガイドラインに違反しています」として、九月一三日に一時停止処分を受ける、という事態まで発生した。これまでに言及してきたユーチューブ、ツイッターと同様の露骨な言論統制であるといえる(145)。さらには、「子どもへのワクチン接種とワクチン後遺症を考える超党派議員連盟」が本書執筆中の二〇二二年一〇月一八日に開催した、接種推進派と慎重派双方の専門家を招いた「大議論会」の動画が、即座にユーチューブで削除されるという事件も起こった。専門家同士による議論すら許されないという状況が現にある。現在はニコニコ動画で視聴できるので、なぜ削除されたのか、何が誰にとってどれだけ不都合だったのか、多くの人に検証してほしい内容である(146)。また、ある人がこの講演会の動画をツイッターで紹介したところ、即座にアカウントがロックされ、削除したら解除されたという強硬な措置がなされたという報告も、考えるべき題材として、ここに共有しておきたい(147)。

【注】

(144) ただし『産経スポーツ』が取り上げたことは確認できた。「国内の医師ら四五〇人がワクチン接種中止を求めて嘆願書を提出」二〇二一年六月二四日。
https://www.sanspo.com/article/20210624-IOQJULJCVRMBXMZXIDJG6SDUHA/

(145) https://twitter.com/tohokuyushiishi/status/1569508251422826497?s=20&t=5Wm2KQtQyxkGm2iGLrmmuA
なおインスタグラムのポリシーでは、「新型コロナウイルス感染症ワクチンの投与の妨害を計画するコンテンツ」や「人々が新型コロナウイルス感染症ワクチンを接種しないように行動を促す、ワクチンを接種しないことを擁護または推奨するコンテンツ」は一律に禁止されている。
https://help.instagram.com/697825587576762?helpref=faq_content&locale=ja_JP

(146) ニコニコ動画内で「ワクチン　大議論会」で検索。動画の末尾で、本書で度々登場する小島勢二医師に、厚生労働省がワクチンの感染予防・重症化予防効果を示すデータを更新しなくなった件について尋ねられ、事実上答弁不能になった厚労省担当者の様子に特に注目していただきたい。

(147) https://twitter.com/madokaratsuki/status/1583258534913142784

第2節　ＰＣＲ検査の不確実性の問題

Ct値はなぜ広く知られていないのか

次に、コロナ危機の「立役者」といえるＰＣＲ検査を巡る問題について論じたい。主要メディアによる報道を見ていると、だんだんと偽陽性を巡る問題が過小評価されるようになってきている。つまりＰＣＲ検査による陽性者が即感染者である、即ち具体的な病状を発達させたり、他者に感染させたりする恐れがあるかのように扱われる傾向があることが、気懸かりだ(148)。

実際のＰＣＲ検査は、大きな不確実性を抱えている。ここで重要となるのが、Ct値（cycle threshold）という概念である。ＰＣＲ検査は、分析対象の遺伝子を増幅させてウイルスを検出する技術である。Ct値は増幅の尺度を示す数値であり、高くするほど、感染力のないウイルスの残骸や別のウイルスも拾って、コロナ陽性と判定してしまう。ＷＨＯが推奨するCt値は三五以下であり、三〇以下が妥当という専門家による意見もある中、国立感染研究所が提示している「病原体検出マニュアル」では、四〇を採用している(149)。だが大問題であるのは、私が見たところ、主要メディアでは、このCt値という概念が問題になることはそもそもほとんどなく、単に陰性／陽性という二元論的判定がなされていることだ。「コロナパンデミックとは、健康な無症状者を大量にスクリーニングし、意図的に設定した検査基準の結果によって陽性者が多く存在するよう見せかけたもの」、即ち「捏造」だと批判する専門家さえいることも、ほとんど知られていないだろう(150)。まさにかつてイヴァン・イリイチが見抜いたように、恣意的な仕方で「医療は人々を患者へと変えられる」という事態が、発生している恐れがあるのだ(151)。WHO自身、PCR検査が失敗だったと事実上認めているといった指摘さえあることも、ぜひ知っておきたい(152)。本書で度々著書を引用している科学史家の寺島隆吉氏が、地元の岐阜県・岐阜市・岐阜新聞社にCt値に関する見解を問い合わせた結果、誰も答えられなかった、という報告も踏まえておきたい(153)。

【注】

(148) 例えば『東京新聞』朝刊に二〇二一年中、毎日掲載された「国内の新型コロナウイルス感染者」という表があるが、これは本当は「陽性者」であるはずだ。

(149) https://www.niid.go.jp/niid/images/lab-manual/2019-nCoV20200319.pdf　二〇二〇年三月一九日版だが、二〇二三年一月一六日時点で、これより新しい版は出ていないもようである。https://www.niid.go.jp/niid/ja/labo-manual.html

日本の主要新聞で、Ct値という概念が登場することが極めて少ないこと自体が問題だが、例えば『毎日新聞』二〇二二年五月二六日付朝刊の「数字を読み解く：四〇」では、「四〇以上で陽性と判断されても、実際は生きたウイルスがほとんどおらず、感染性が極めて低いこともある」と認めている。私が疑問を感じざるを得ないのは、この妥当な認識と、感染研の推奨する「四〇」という推奨値が一致する事実とその含意を、なぜもっと厳しく追及しないのか、ということだ。

(150) 荒川央『コロナワクチンが危険な理由』花伝社、二〇二二年、三六頁。批判と同時に荒川氏は、ＰＣＲ検査を症状ある人に限定する、新型コロナウイルスを他のウイルスと区別できるようにする、陽性者のCt値を報告する、といった改善策も提案している（同書、四七頁）。

(151) Illich, I., *Medical Nemesis, the expropriation of health*, Pantheon Books, 1976, p.78. 邦訳は金子嗣郎訳『脱病院化社会――医療の限界』（晶文社、一九九八年）だが、訳出した引用箇所は底本の違いからか、原著にしか見出されない。なお引用した箇所には、「診断の帝国主義」（Diagnostic Imperialism）という見出しが付いている（p.76）

(152) ミシェル・チョスドフスキー「ＷＨＯは新型コロナＰＣＲ検査には欠陥があることを正式に認めている」『寺島メソッド翻訳ＮＥＷＳ』二〇二一年七月五日。
http://tmmethod.blog.fc2.com/blog-entry-620.html

(153) 寺島隆吉『コロナ騒ぎ謎解き物語2　メディア批判　赤旗から朝日まで』あすなろ社、二〇二一年、八一頁。

ＰＣＲ開発者も、感染症診断への応用には反対

さらに極めて重要だが一般にはほとんど知られていないと思われるのは、ＰＣＲ検査の

開発者にしてノーベル賞受賞者の故キャリー・マリス博士が、この検査はＤＮＡ増幅に役立つが、感染症の診断には使えない、と訴えていたことである(154)。感染症専門家の大橋眞氏は、マリス博士の曖昧だった遺言を、ＰＣＲ検査はゲノム遺伝子のごく一部しか見ていないこと、ウイルスの数を知ることが困難であること、ＰＣＲ検査は変異の多いＲＮＡウイルスの検査には使えないこと(155)、といった観点から、具体的に読み解いている。

感染を特定するとされるＰＣＲ検査の抱える根本的不確実性や、Ct値の多寡、開発者自身の強い懸念などを、主要メディアは積極的には伝えてこなかったと考えられる(156)。それによりＰＣＲ検査の有効性ばかりが強調される半ポスト真実的状況がつくりだされたといえるだろう。主要メディアは、恐らく意図せずしてだが、コロナ危機を大きく見せて恐怖を煽ってしまい、人々を以下で挙げるような問題の多いワクチン接種へと駆り立てた可能性があるのでは、と問い直すべきであろう。

【注】

(154) トーステン・エンゲルブレヒト＆コンスタンチン・デメーター「COVID-19 ＰＣＲ 検査は科学的に無意味。全世界が Sars-Cov-2 感染を『診断』するために ＲＴ―ＰＣＲ に依存しているが、科学的見地は明らか：診断目的には不適切」『寺島メソッド翻訳ＮＥＷＳ』二〇二〇年六月二九日。http://tmmethod.blog.fc2.com/blog-entry-428.html
次の証言動画も参照。https://streamable.com/vzgxxi

(155)大橋眞『PCRは、RNAウイルスの検査に使ってはならない』ヒカルランド、二〇二〇年、五、五四、一一八、一三六〜一三七、一八四〜一八五頁。

(156)『日経』二〇二一年三月二七日付朝刊の「PCR法の開発 古今東西あの出来事」では、マリス氏の名前には言及しつつ、遺言には一切触れることなく、「感染症診断にも欠かせず」と断言している。メディアばかりではなく、人文系分野では、例えば哲学・倫理学の観点からコロナ禍に関する諸問題を扱う広瀬巌『パンデミックの倫理学』(勁草書房、二〇二一年)にも同様の傾向が見られる。この書物はPCR検査を「条件付き確率による推論」という方法で偽陰性・偽陽性の問題を論じていることに独自の価値があるだろう。けれどもやはりCt値の概念にそもそも言及がない点で問題がある(第5章2参照)。

第3節 ファイザーワクチン有効率「九五%」に対する根本的疑義

数字のトリックを見破る必要

現行のワクチン接種推進政策の根拠の一つとなっているのが、ファイザー社やビオンテック社所属の研究者らによる『ニューイングランド医学誌』掲載の論文である(157)。この論文によると、四万三四四八人の治験参加者のうち、二万一七二〇人がファイザーワクチンを二回接種され、二万一七二八人が疑似薬を与えられた。前者のうち八人がコロナに感染し、後者のうち一六二人が感染した。このうち両群の感染者だけに注目し、(162－8)÷162＝0.95、即ち有効率九五％だというのが、この論文の主張である。そしてこの九五％という数字を根拠として、ワクチン接種が推進されており、その議論に依拠した主要メディアも、これを根本的に疑い、接種への慎重意見を示すところは、少なかったようである(158)。

九五％という数字自体に間違いはないが、この実験結果の解釈には別の見方があることは、一般にあまり知られていないのではないか。疑似薬接種群の二万一七二八人のうち一六二人が感染したということは、残りの二万一五六六人、即ち九九・二五％は感染していないということを意味する。それに対してワクチン接種群全体から感染者八人を引いた二万一七一二人が非感染者であり、非感染者の割合は21,712÷21,720＝0.99963……＝99.96％である。つまりワクチン接種群でも疑似薬接種群でも大多数の人は感染しておらず、その違いはたったの〇・七一ポイント(＝99.96－99.25)しかない。この見方を強調する有識者らの一人である免疫学者の荒川央氏は「有効率九五％は一〇〇人中九五人に効くという意味ではありません」と注意喚起し、統計上の「数字のトリック」に警戒するよう促している(159)。岡田正彦・新潟大名誉教授は、この九五％という数字は、「相対リスク」の減少を示しているにすぎず、肝心の「絶対リスク」の減少ではない、とわかりやすく説明している[160]。大多数はワクチン接種なしでも感染しないとされるのに、接種群と非接種群の感染者の人数のみに焦点を当てるこうした手法は、七〇年代の腸パラ・ワクチンの有効性を巡る治験でもすでに取られていたと報告され、長い〝伝統〟を誇るものなのようである[161]。

しかもこうした数字のトリック（あるいは〝レトリック〟？）は、ここで終わりではない。別の著名医学誌『ＢＭＪ』の査読責任者ピーター・ドーシ氏は、夙に二〇二一年一月四日に公開された論考で、次のような根本的懐疑を提示する[162]。ドーシ氏は、ファイザーがＦＤＡに提出した資料に基づき[163]、実は疑い例、つまりコロナらしき症状はあるがＰＣＲで陰性になった者が、ワクチン接種群で一五九四人、疑似薬接種群で一八一六人もいることに注目する。つまりこのＢＭＪ論文を解説している荒川央氏も指摘し、本章第2節でも解説したように、不確実な検査手段であるＰＣＲ検査が、この場合は大量の偽陰性を出している可能性があるということだ。私が調べたところ、くだんのファイザー論文がＰＣＲ検査のCt値について説明していないことも、非常に大きな問題だと考えられる。さらに荒川氏は、接種から七日以内に症状が出たが陰性だった者が、接種群では四〇九人、疑似薬接種群では二八七人と逆転していることも、問題視している[164]。ドーシ氏は、疑い例もすべて感染者と仮定すると、接種群のワクチン有効率はわずか一九％にまで落ちることを、厳しく指摘する(165)。

【注】

(157) Fernando P.Polack et al., 'Safety and Efficacy of the BNT162b2 mRNA Covid-19 Vaccine', in: *New England Journal of Medicine*, 二〇二〇年一二月三一日公開。
https://www.nejm.org/doi/10.1056/NEJMoa2034577

(158)『毎日新聞』二〇二一年二月一四日付朝刊の「なるほドリ・ワイド：ワクチン、きょう正式承認」は、同じファイザーの臨床試験について、疑似薬投与群の一六二人と、ワクチン接種群の八人という数字を比較して、感染を二〇分の一に抑えられたと説明している。
それに対して、『朝日新聞』の有料サイト「アピタル」の記事「『ワクチン有効性九五％』一〇〇人中九五人効くではない」(二〇二一年二月一二日付)は、「ワクチンを接種したときの発症率が、接種しない場合よりも九五％減った」と解説している。https://digital.asahi.com/articles/ASP2D6JNCP2DULBJ00K.html
さらに『読売新聞』デジタル有料版の「コロナワクチン『有効性』九五％って、どういう意味？」(二〇二〇年一二月八日付)は、同じ数字に依拠して「九九％の人は、ワクチンを打とうが打つまいが変わりなし」で、ワクチンの恩恵を受けたのは約〇・八％に過ぎない、と適切にも認識している。けれども、さまざまな副反応の可能性を度外視しつつ、それでも接種を推進すべきだと主張していることは、妥当だろうか。
https://www.yomiuri.co.jp/column/naruhodo/20201204-OYT8T50072/

(159) 荒川央『コロナワクチンが危険な理由』花伝社、二〇二二年、一六～一八頁。

(160) 岡田正彦『大丈夫か、新型ワクチン　見えてきたコロナワクチンの実態』花伝社、二〇二一年、一二八～一二九頁。
(161) 吉原賢二『私憤から公憤へ　社会問題としてのワクチン禍』岩波書店、一九七五年、一二五～一二七頁。
(162) Peter Doshi:Pfizer and Moderna's '95% effective' vaccines—we need more details and the raw data.https://blogs.bmj.com/bmj/2021/01/04/peter-doshi-pfizer-and-modernas-95-effective-vaccines-we-need-more-details-and-the-raw-data/
(163) FDA Briefing Document,Pfizer-BioNTech Covid-19 Vaccine,Vaccines and Related Biological Products Advisory Committee Meeting,2020/12/10.
https://www.fda.gov/media/144245/download#page=42
(164) 荒川、前掲書、一九～二三頁。
(165) 19% = (1,978－1,602)/1,978

「言い訳用語」もしくは「ニュースピーク」としての「ブレークスルー感染」

無論これは理論上の仮定であり、疑い事例のすべてを偽陰性とみなした結果である一九%は、厳し過ぎるのかもしれない。しかし実際に接種が始まってから、首相や元ワクチン担当大臣の実例に顕著に現れたように、二回以上接種者の「ブレークスルー感染」が相次いだことを考えれば、九五%という有効率が実際に妥当だったかどうか、本来なら検証すべきであろう。本章第4節で論じるように、接種者が時間の経過と共に、未接種者よりも感染しやすくなっていることを示すデータが出た逆転現象すら知られている。それどころか、ブレークスルー感染とは、ワクチンが効かないことを糊塗するための「言い訳用語」に他ならない、と喝破する辛口の専門家さえいるのだ(166)。この言葉はマスコミでは特に留保なしで使われており、感覚を麻痺させられてしまいがちだ。けれども批判意識を研ぎ澄ますと、この言葉がジョージ・オーウェル『一九八四年』の「ニュースピーク」めいた響きを帯びていることを、感じ取れるのではないか。よく知られているように、ニュースピークの特徴の一つは、「良い」という単語があれば「悪い」という単語は不要であり、「非良い」で間に合う、といった発想によって、思考の範囲を狭めることにある。本書の文脈では、このワクチンは「効かない」と端的に断定することは、作中の言葉を使えば、さしずめ「思考犯罪」に当たるのかもしれない。平素から、いわば言葉を生業とし、鋭敏な言語感覚を持つはずのメディア業界の人々は、この奇妙な概念に対して、何も思うところはないのだろうか(167)。

それに加えて主要メディアで、本書で言及する抗体依存性感染増強（ＡＤＥ）、抗原原罪や、ワクチン後天性免疫不全症候群（ＶＡＩＤＳ）といったコロナワクチンの構造的欠陥の可能性に関わる概念が出てくることが極めて少ないことも、思考の幅を限定する効果があると私は推察している(168)。これに関連して、「言葉が欠けるところ、いかなる物もないだろう」(Kein ding sei / wo das wort gebricht) というマルティン・ハイデガーが論じたステファン・ゲオルゲの詩の有名な一節を想起しておきたい。まさに概念がなければ、物や現象を適切に認識できなくなると思われる(169)。

こういった「ワクチンは効いていないのでは」といった疑問に対しては、それは変異株が出てきたせいだ、という反論がある。それに対しては、ワクチンを大量接種するからこそ、その免疫を逃れるために変異株が発生する、という再反論が提起されている(170)。そうだとすると、そもそも急速に変異する不安定な種類のウイルスとワクチンのいたちごっこは、自縄自縛のようなものではないか、と疑う余地がある。我々はこのウイルス対ワクチンの「軍拡競争」に敗れるだろう、という専門家による見通しをかみしめるべきであろう(171)。

私はドーシ氏および荒川氏のワクチン有効率「九五%」に対する疑問は、現実にワクチン接種者に対して起こったことに鑑みれば、根拠のあるものだと考える。岡田正彦医師が、一連のファイザーワクチン論文のなかには、執筆者三二人中の一二人が製薬企業所属だったものもある、という利益相反疑惑を指摘していることも見逃せない(172)。それ故、厚生労働省が、こういった疑義に言及することなく、この数字をホームページ上に掲げ続け、接種推進の錦の御旗としていることに、疑問を感じざるを得ない(173)。

【注】

(166) 井上正康（松田学氏との共著）『マスクを捨てよ、町へ出よう　免疫力を取り戻すために私たちができること』方丈社、二〇二二年、八〇頁。

(167) ジョージ・オーウェル、高橋和久訳『一九八四年　新訳版』早川書房、二〇〇九年、八〇〜八二頁を参照。

(168) 実は新聞各紙には、日本での大量接種開始前には、ADEに言及した上で、「リスクと効果、見極めて」のような外部筆者によるバランスの取れたインタビューも度々見出された。（宮坂昌之・大阪大学招聘教授、『日経』二〇二一年二月四日付朝刊）。だが問題は、実際に大規模接種がおこなわれ、多くの副反応疑い事例が出てきてから、ADEなどに触れられる機会が激減したことであると思われる。

(169) Heidegger, M., *Unterwegs zur Sprache*, Gesamtausgabe Band 12, Klostermann, 1985, S. 208.『ハイデッガー全集　第一二巻』亀山健吉訳、創文社、一九九六年、二六九頁。ドイツ語のDingは、具体的な事物だけでなく、「ことがら、案件、できごと、事件、事態、情況」までも含めた意味を持つ言葉である。国松孝二編『大独和辞典』小学館、一九八五年、五〇二頁。

(170)「人類への大量ワクチン接種を進めることにより新型コロナウイルスと免疫系の競争がおこり、結果ウイルスの進化が進む場合」に、「スパイクタンパクに対する抗体を持った方を標的にする悪性の新型コロナウイルスに進化させる可能性」については、荒川央『コロナワクチンが危険な理由』花伝社、二〇二二年、五二頁を参照。

(171) Stephanie Seneff and Greg Nigh, 'Worse Than the Disease? Reviewing Some Possible Unintended Consequences of the mRNA Vaccines Against COVID-19', in: *IJVTPR*, May 2021, pp. 389-430, esp. p. 414. https://ijvtpr.com/index.php/IJVTPR/article/view/23

　ちなみにこのMIT所属の研究者らが「ワクチンはコロナより悪い？」と問う総説論文は、抗体依存性感染増強や逆転写の可能性についてわかりやすく解説し、本書で度々言及している荒川央『新型コロナワクチンが危険な理由』（花伝社、二〇二二年）が高く評価しているものだ。

(172) 岡田正彦『本当に大丈夫か、新型ワクチン　明かされるコロナワクチンの真実』花伝社、二〇二二年、七六〜八七頁。
(173)「ファイザー社の新型コロナワクチンについて」https://www.mhlw.go.jp/stf/seisakunitsuite/bunya/vaccine_pfizer.html

事業者の〝とりこ〟としての厚生労働省?

この文脈で、二〇一二年七月六日に提出された国会東京電力福島原子力発電所事故調査委員会の最終報告が、旧原子力安全・保安院、即ち「本来規制すべき当局が規制を受けるべき事業者の「虜《とりこ》」になる、という逆転現象があったこと」を厳しく指弾していたことを思い出しておこう(174)。厚生労働省は、本書の後段で論じる問題も含めて、規制当局としての責務を十全に果たしており、こういった批判を免れうると堂々と言い切れるだろうか。『ニューイングランド医学誌』やWHO、FDA、CDCといった権威への信奉と、長引くコロナ禍をワクチンが一気に解決してくれるという願望が、厚労省のなかでないまぜになっていたのではないか。医系技官を含む厚労省ほどの巨大組織なら、これらの機関の誤りを指摘するほどの力量を発揮して、然るべきではないか。そして主要メディアは、純然たる嘘をついたわけではなくても、「九五%」を概ね無批判に引き継いだ上で、有力な異論を広く紹介、吟味しないことにより、半ポスト真実的状況をつくりだした、と疑わざるをえないのではないか。厚労省やメディアは、結果的に国民に判断材料を積極的には提供せず、後述する重大な副反応疑惑や接種後死亡問題への消極的対応と相まって、「接種一択」に追い込んだ側面があると思われる。この有効率九五％へのＢＭＪ論文による懐疑的意見について、私は厚労省にメールにて、本節で取り上げた異論についての見解を尋ねたが、四ヵ月以上待ってもご返事をいただけなかったことを、明記しておきたい。

【注】

(174) https://s3-us-west-2.amazonaws.com/jnpc-prd-public-oregon/files/2012/07/69a9a81958b42577bea6df6b185d4ac.pdf

第4節 厚生労働省によるmRNAワクチンのデータ改ざん疑惑

接種者が未接種者扱いに

これまで論じてきたPCR検査や、mRNAワクチン接種推進の中枢を担ってきた厚労省。厚労省自体もまた、次のような不祥事を起こしていた。この事件について報道した数少ないメディアである関西のテレビ局・サンテレビの二〇二二年六月七日付のホームページに従って、再現しておこう(175)。一言で言うと、厚労省が発表している「ワクチン接種歴別の新規陽性者数」というデータで、ワク

ワクチン接種歴別の新規陽性者数（4/25-5/1）

	未接種			2回目接種済み（3回目接種済みを除く）			3回目接種済み			接種歴不明
	新規陽性者数(4/25-5/1の合計)	未接種者数(5/1時点)	10万人あたりの新規陽性者数	新規陽性者数(4/25-5/1の合計)	2回目接種者数(3回目接種者数を除く)(5/1時点)	10万人あたりの新規陽性者数	新規陽性者数(4/25-5/1の合計)	3回目接種者数(5/1時点)	10万人あたりの新規陽性者数	新規陽性者数(4/25-5/1の合計)
0-11歳	33,518	10,410,375	**322.0**							
12-19歳	6,013	2,094,217	**287.1**	12,246	5,677,150	**215.7**	902	1,143,855	**78.9**	10,732
20-29歳	5,204	2,431,304	**214.0**	10,005	6,056,280	**165.2**	3,686	4,224,012	**87.3**	9,541
30-39歳	5,001	2,788,305	**179.4**	11,237	6,265,850	**179.3**	5,603	5,231,144	**107.1**	12,121
40-49歳	3,416	3,071,124	**111.2**	9,986	6,751,125	**147.9**	6,702	8,527,097	**78.6**	11,167
50-59歳	1,783	1,367,345	**130.4**	4,273	4,481,155	**95.4**	4,657	10,911,895	**42.7**	5,516
60-64歳	393	629,542	**62.4**	890	1,103,817	**80.6**	1,792	5,663,038	**31.6**	1,515
65-69歳	238	986,650	**24.1**	384	558,438	**68.8**	1,683	6,537,907	**25.7**	1,252
70-79歳	390	893,184	**43.7**	528	920,356	**57.4**	2,591	14,377,782	**18.0**	1,873
80-89歳	222	105,742	**209.9**	380	642,402	**59.2**	1,608	8,276,193	**19.4**	1,368
90歳以上	120	2,913	**4119.5**	168	229,756	**73.1**	703	2,136,842	**32.9**	645

※ HER-SYSに登録されている新規陽性者を、不明を含むワクチン接種歴の有無で分けて集計し、報告日における新規陽性者数の7日間の合計を算出。(データは5月2日参照。データは日々更新され、今後最新のデータが反映される。)
※ ワクチン接種歴が未記入の場合、令和4年4月20日までのADB提出データでは未接種に分類していたが、5月11日以降のADB提出データでは接種歴不明に分類している。
※ HER-SYSに年齢情報がない者は含まれない。また、日本最高齢（令和4年5月2日現在）を上回る年齢で届出があった者はいずれにも含まれない。
※ 新規陽性者には無症状病原体保有者も含まれる。
※ 10万人あたりの新規陽性者数は、7日間の新規陽性者数の合計を期間の最終日（5/1）のワクチン接種の有無で分けた人数で割り人口10万人対に換算したものであり、結果の解釈には留意が必要。
※ ワクチン接種者数は、ワクチン接種記録システム（VRS）に報告されている報告データに基づき算出。（データは5月2日参照。データは日々更新されるため、接種から記録されるまでにはタイムラグがあり、今後最新のデータが反映される。）
※ 未接種者数は各年代の人口の総計から接種済みの人数を引いて算出。また、年齢階級別人口は、首相官邸ホームページの公表データを使用（総務省が公表している「令和3年住民基本台帳年齢階級別人口（市区町村別）」のうち、各市区町村の性別及び年代階級の数字を集計したものを利用。）。

図8　厚労省発表資料の引用
https://www.mhlw.go.jp/content/10900000/000937646.pdf

チンを接種された人でも、接種日を覚えていない場合は、未接種扱いにしていた、という問題である。つまり接種を受けたのに陽性になった人の一部が、接種を受けておらず陽性になった人の数に加算されていた。厚労省の当初のデータによると、全年代で、二、三回接種済みの人の方が、未接種の人よりも九〇％も予防効果が出ていた。オミクロン株に対するワクチンの効果低下について、海外のデータから知っており、厚労省のデータに違和感を覚えた小島勢

ワクチン接種歴別の新規陽性者数（7/4-7/10）

	未接種			2回目接種済み（3回目接種済みを除く）			3回目接種済み			接種歴不明
	新規陽性者数（7/4-7/10の合計）	未接種者数（7/10時点）	10万人あたりの新規陽性者数	新規陽性者数（7/4-7/10の合計）	2回目接種者数（3回目接種者数を除く）（7/10時点）	10万人あたりの新規陽性者数	新規陽性者数（7/4-7/10の合計）	3回目接種者数（7/10時点）	10万人あたりの新規陽性者数	新規陽性者数（7/4-7/10の合計）
0-11歳	43,400	10,713,586	**405.1**							
12-19歳	8,802	2,166,352	**406.3**	13,469	3,928,447	**342.9**	4,799	2,846,298	**168.6**	8,608
20-29歳	8,198	2,407,596	**340.5**	16,080	4,369,846	**368.0**	14,873	5,945,057	**250.2**	9,498
30-39歳	6,836	2,807,014	**243.5**	13,619	4,283,141	**318.0**	16,098	7,205,173	**223.4**	10,044
40-49歳	4,838	3,133,609	**154.4**	11,356	4,339,858	**261.7**	19,327	10,882,733	**177.6**	9,265
50-59歳	2,603	1,263,375	**206.0**	5,216	2,648,119	**197.0**	16,174	12,853,733	**125.8**	5,723
60-64歳	586	618,065	**94.8**	1,010	618,161	**163.4**	5,811	6,161,921	**94.3**	1,786
65-69歳	386	1,027,596	**37.6**	470	369,699	**127.1**	5,005	6,687,115	**74.8**	1,457
70-79歳	516	870,585	**59.3**	617	607,167	**101.6**	7,661	14,716,928	**52.1**	2,267
80-89歳	295	59,816	**493.2**	380	422,119	**90.0**	3,951	8,545,620	**46.2**	1,468
90歳以上	127	−	−	149	145,090	**102.7**	1,513	2,242,960	**67.5**	656

※　HER-SYSに登録されている新規陽性者を、不明を含むワクチン接種歴の有無で分けて集計し、報告日における新規陽性者数の７日間の合計を算出。（データは７月11日参照。データは日々更新され、今後最新のデータが反映される。）
※　ワクチン接種歴が未記入の場合、令和４年４月20日までのADB提出データでは未接種に分類していたが、５月11日以降のADB提出データでは接種歴不明に分類している。
※　HER-SYSに年齢情報がない者は含まれない。また、日本最高齢（令和４年７月11日現在）を上回る年齢で届出があった者はいずれにも含まれない。
※　新規陽性者には無症候感染者も含まれる。
※　10万人あたりの新規陽性者数は、７日間の新規陽性者数の合計を期間の最終日（7/10）のワクチン接種の有無で分けた人数で割り人口10万人対に換算したものであり、結果の解釈には留意が必要。
※　ワクチン接種者数は、ワクチン接種記録システム（VRS）に報告されている報告データに基づき算出。（データは７月11日参照。データは日々更新されるため、接種から記録されるまでにはタイムラグがあり、今後最新のデータが反映される。）
※　未接種者数は各年代の人口の総計から接種済みの人数を引いて算出。また、年齢階級別人口は、首相官邸ホームページの公表データを使用（総務省が公表している「令和3年住民基本台帳年齢階級別人口（市区町村別）」のうち、各市区町村の性別及び年代階級の数字を集計したものを利用。）。
※　接種済みの人数が年齢階級別人口を超える場合は、未接種者数及び10万人あたりの新規陽性者数を"−"で示す。
※　令和４年６月30日に発生届様式が変更されたため、同年７月１日以降のデータでは、変更後の発生届様式に基づくHER-SYSデータを使用して集計している。

表記の期間内に発生した新規陽性者数を単純に集計したものであり、ワクチン接種から検査までの期間が考慮されていないこと、新型コロナウイルスの感染歴等の背景因子が異なる可能性があること等から、本データによりワクチン接種による予防効果が明らかになるものではない。なお、ワクチン接種については、有効性の分析を行った学術論文等に基づいて、厚生科学審議会での議論を経て決定されており、本データに基づいて決定されているものではない。

図９　2022年７月発表分の厚労省資料
https://www.mhlw.go.jp/content/10900000/000967343.pdf
20代、30代、40代、60代、70代で２回接種者の感染者数が未接種者より多いことが読み取れる。なお、特に高齢者においては、追加接種率が高いことから、接種歴不明者のなかで、未接種者よりも、複数回接種者が多いのではないか、といった推測は少なくともできるであろう。

二・名古屋大学名誉教授が厚労省に問い合わせた。それに対して厚労省は、データを修正した。その結果、四〇代、六〇代、七〇代では、二回接種済みの人の方が、未接種者よりも陽性者が多くなった（図8、9はいずれも修正後のデータ）。厚労省は「ワクチン接種者のなかでどれくらい感染者が出たかを見るためで有効性を見るために作成したデータではない」と釈明しているが、合理的な説明といえるだろうか。しかも小島氏も指摘するように、この事件発覚後しばらくして、厚生労働省がこの接種歴別感染状況という貴重な情報を更新しなくなったことも、問題であろう[176]（図8、9、10）。

なお同じ事件について伝えている『女性セブン』の記事によると、小島氏は、ウェブサイト・Think Vaccineの調査に基づき、接種者が未接種者に比べて感染対策を緩めたので感染者が増えたのではないだろう、と推測している[177]。小島氏が二回接種者と未接種者の不可解な逆転現象の説明原理として持ち出すのが、やはり本章第1節で言及した「抗原原罪」である。

この逆転現象は、イスラエルや英国、シンガポールのようなワクチン接種先進国で、因果関係が立証されていなくても、接種の後に、接種前よりも大規模な感染増加が起こったという世界規模の経験的事実とも、整合するものだ（図11）[178]。

この逆転現象問題については、実は二〇二二年四月二六日に、参院厚生労働委員会の審議で

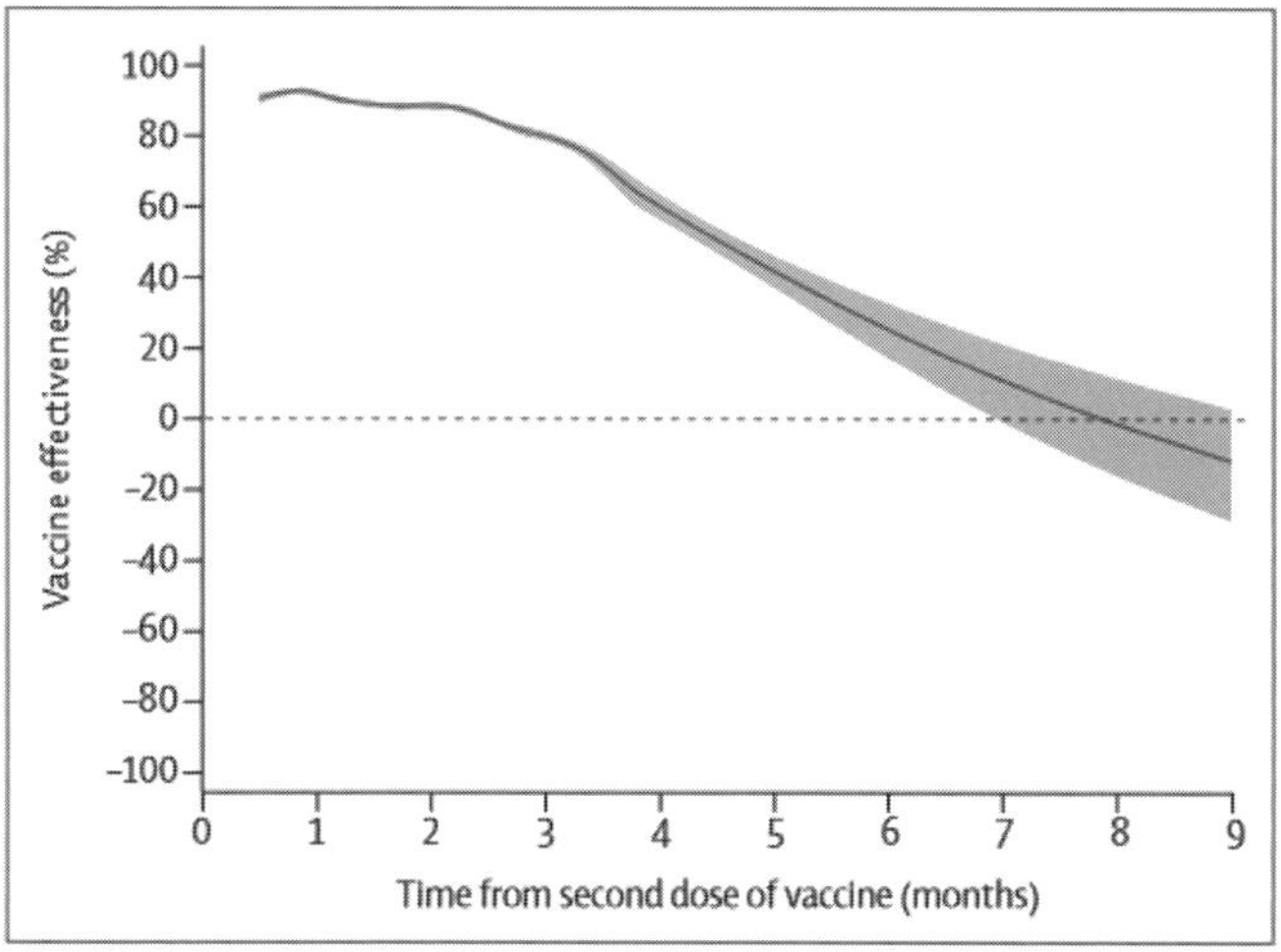

***Figure 2:* Vaccine effectiveness (any vaccine) against SARS-CoV-2 infection of any severity in 842 974 vaccinated individuals matched to an equal number of unvaccinated individuals for up to 9 months of follow-up**
The association is shown using proportional hazards models with 95% CIs (shaded areas) and restricted cubic splines. The model was adjusted for age, baseline date, sex, homemaker service, place of birth, education, and comorbidities at baseline.

図10　外国の研究としては、例えば、スウェーデンにおけるコホート研究では、ワクチン２回接種後の予防効果が時間の経過と共に逓減し、８ヵ月前後でマイナスに転じたことが実証されている。
Nordström,P.et al.,Risk of infection,hospitalisation,and death up to 9 months after a second dose of COVID-19 vaccine:a retrospective,total population cohort study in Sweden,in:*THE LANCET*,p.820.2022/2/4.
https://www.thelancet.com/journals/lancet/article/PIIS0140-6736(22)00089-7/fulltext

も、エイズ薬害被害者として知られる川田龍平議員によって取り上げられていた[179]。それほどの問題だったにもかかわらず、主要メディアのほとんどが報道に消極的である[180]。

【注】

(175)「【検証】厚労省データ 心筋炎リスク情報も不適格～新型コロナワクチン未接種扱い問題だけじゃない！ 二つの不適格データ問題を独

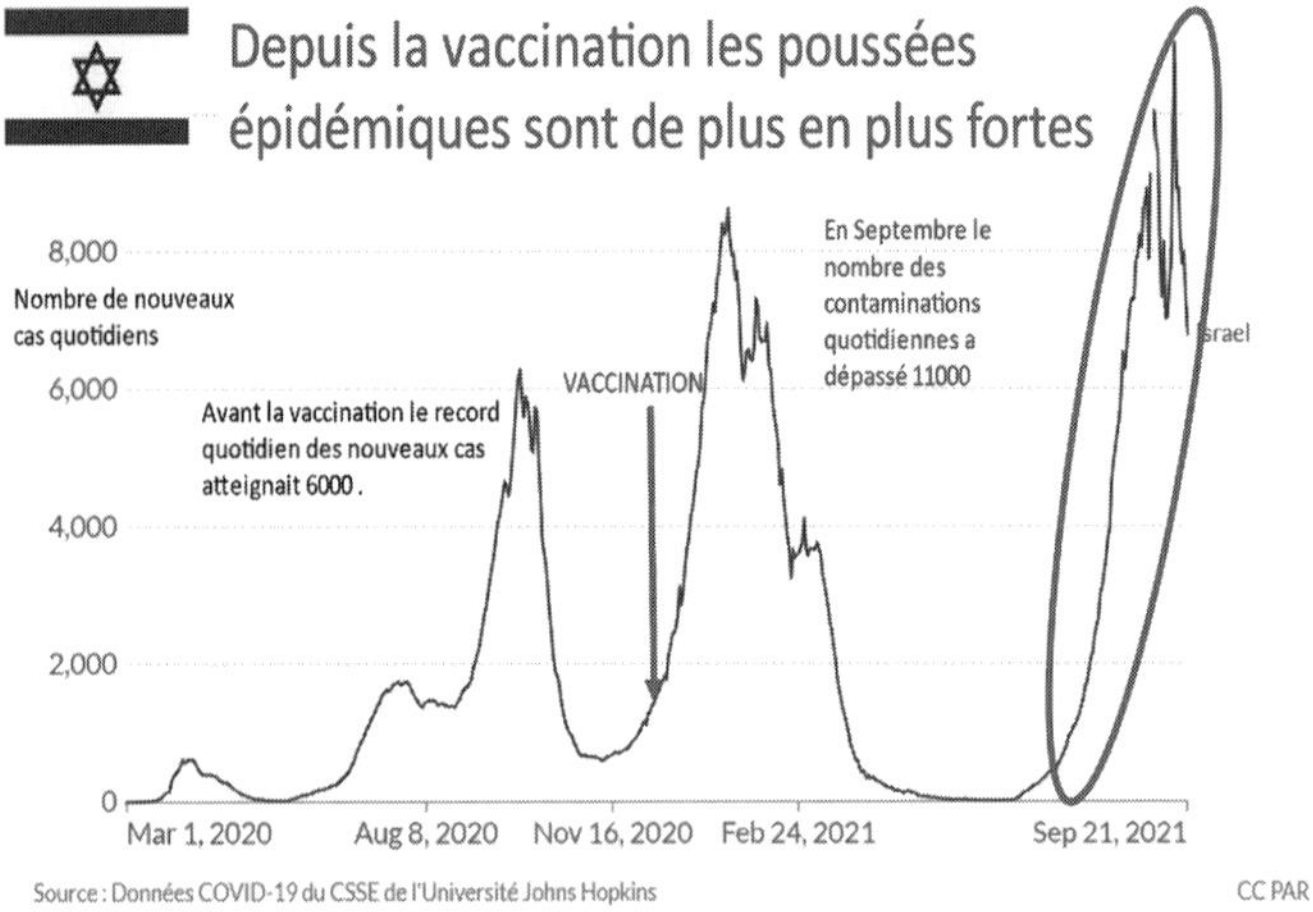

図 11
Gérard Delépine, "High Recorded Mortality in Countries Categorized as 'Covid-19 Vaccine Champions'. The Vaccinated Suffer from Increased Risk of Mortality", *in: Global Research*, 2022/4/17.
イスラエルの感染状況についてのこの図解のフランス語の注釈を翻訳しておくと、表題は「ワクチン接種［開始］以来、感染爆発はだんだん大きくなっている」を意味する。VACCINATIONはワクチン接種であり、En Septembre…は、「９月に１日の感染者数は１万1000人を超えた」と訳せる。Avant la…は、「ワクチン接種の前には、１日の新規感染者数は6000人に達する程度だった」という意味になる。

自検証～」
https://sun-tv.co.jp/suntvnews/news/2022/06/07/53955/
この記事では、厚労省データによる心筋炎の発生頻度で、本来「ワクチンを打った場合」と「打たなかった場合」を比べるべきなのに、後者に代えて「新型コロナにかかった場合」で比較しているという問題も論じている。
(176) 小島勢二「四回目ワクチン接種でコロナの感染は増加する？」『アゴラ』二〇二二年一〇月二四日。
https://agora-web.jp/archives/221023082419.html
(177) 「全国民が愕然！　厚労省〝改ざんデータ〟で判明！　ワクチンを打った人の方が新型コロナに罹りやすかった」(『女性セブン』二〇二二年六月三〇日号、一三六～一三九頁)。
(178) 寺島隆吉『コロナ騒ぎ謎解き物語３　ワクチンで死ぬか　イベルメクチンで生きるか』あすなろ社、二〇二二年、第４章、特に第２節参照。
寺島氏が依拠する論文は、図11のものである。
(179) https://kokkai.ndl.go.jp/minutes/api/v1/detailPDF/img/120814260X01020220426
なお川田議員は、「子どもへのワクチン接種とワクチン後遺症を考える超党派議員連盟」の会長を務めている。二〇二二年九月二一日の議員連盟発足について主要メディアの反応は鈍いが、『産経新聞』がウェブ版で小さく取り上げている。「子どもへのワクチン接種の『努力義務』超党派議員連盟が撤回要望」二〇二二年九月二一日。
https://www.sankei.com/article/20220921-OLU65M4VMRIWHGGTUPBGJ6DSR4/
(180) サンテレビ、『女性セブン』以外には、東海地方のローカルテレビ局のＣＢＣ、朝日新聞の有料ウェブサイト『アピタル』も報道している。
ＣＢＣ「新型コロナワクチン打っても〝未接種扱い〟にしていた……厚労省『理由は不明だが意図的なものではない』」二〇二二年五月二七日。https://newsdig.tbs.co.jp/articles/cbc/55384?display=1
『女性セブン』「ワクチンを打った人の方が新型コロナに罹りやすかった」小学館、二〇二二年六月三〇日、一三六～一三九頁。

新聞のなかで比較的大きくこの問題を取り上げたのは『朝日新聞』二〇二二年五月三一日付朝刊「入力なしを『未接種』扱い　厚労省　感染者のワクチン接種歴」である。ただしこの記事は、厚労省の「ブレークスルー感染の人数を調べるために集計」という言い分を伝えるのみで、本書で試みたような追及をおこなうものではない。

計算方法自体が不適切か

しかもこの事件は、これで終わりではない。「反ジャーナリスト」を名乗る高橋清隆氏がこの問題について医師や市民活動家と共に調査している(181)。この記事のなかで、高橋氏らは検査で陽性になった人数を、検査をしていない人数を含めて割った一〇万人当たり新規陽性者数という数字は適切でない、と主張している。その上で、より正確な計算式は「接種歴別の新規陽性者数÷接種歴別のＰＣＲ検査実施人数」ではないか、と厚労省に問い合わせた。すると厚労省は、「それが正確である」と認めたにも拘わらず、「調査できない」と回答した。図８、９の小島氏の指摘後に修正された厚労省のデータでは、ほぼどの世代でも、三回目接種者の方が未接種者、二回目接種者よりも一〇万人あたり新規陽性者数は少ない。高橋氏は、適切でない可能性がある計算式に基づいて、三回目接種促進に利用されかねないデータを厚労省が公表し続けていることの問題点を、正当にも糾弾している。実際に「資料においては、三回目接種済みの一〇万人あたりの新規陽性者数は、二回目接種済みの場合と比べて低く抑えられている」という松野博一官房長官の発言が報道されており、高橋氏の懸念は的中したといえる(182)。

【注】

(181)「巨大製薬企業の下で政府とマスコミが結託　ワクチン効果めぐる厚労省データ改ざんの本質」『紙の爆弾』鹿砦社、二〇二二年八月号、五二～五七頁。この記事は、『ISF独立言論フォーラム』(二〇二二年八月二三日付)でも閲覧できる。https://isfweb.org/post-6871/

(182)『アピタル』「入力なしをワクチン未接種と分類　厚労省『多く見せる意図なかった』」二〇二二年五月二一日。https://digital.asahi.com/articles/ASQ5Z64BPQ5ZUTFL010.html?iref=pc_rellink_01

積極的に報道されなかったことが最大の問題ではないか

まとめとして、このたった一つの特異な事件に、少なくとも四つの問題が隠されていることを指摘したい。①改ざん疑惑自体、②部外者から指摘されるまで厚生労働省から自主開示がなかったこと、③計算式自体に疑義があること、④この事件全体が主要メディアによって積極的には報道されていないこと、である。ＣＢＣ、サンテレビ、『女性セブン』

といった小規模な媒体が奮闘する中、近年の国土交通省の統計不正や、財務省による森友事件の公文書改ざん問題などで果敢な報道をおこなった主要メディアは、なぜ厚労省によるデータ改ざん疑惑を、もっと積極的に伝えなかったのだろうか。自らも概ねｍＲＮＡワクチン接種推進を訴えてきたから、不利になる情報を伝えないことで、半ポスト真実的状況が出現し、人々の知る権利が損なわれたのではないか。接種推進自体が無条件で悪いことだ、と私は主張したいわけではない。けれども推進したいなら尚更、こうした不都合な事実が発覚した場合、軽視せず疑惑に向き合い、もっと広報した上で、疑惑の解明に努めることが必要ではないだろうか。すでに論じたワクチンの発症予防効果が製薬会社の主張より遥かに低いという疑惑以上に、本章で扱っている接種者と非接種者の感染についての逆転現象、高い接種後死亡率、膨大な種類の副反応疑いなどは、人々の健康を直接的に脅かす恐れのある深刻なものだということを確認しておきたい。

第5節　コロナワクチン由来のｍＲＮＡ、スパイクタンパク、免疫抑制がもたらしうる悪影響

本章では、これからコロナワクチンによる副反応・後遺症・死亡の疑い事例を論じていく。ここではそうした有害事象が起きる原因としての作用機序、または構造をまず確認しておこう。ワクチンの安全性の根拠として厚生労働省は、ホームページのＱ＆Ａで、抗体をつくらせるためにワクチン接種により体内に注入されるｍＲＮＡは、数分から数日といった短期で消えるので問題ない、と主張している(183)。この厚労省の見解を、素朴に支持する新聞記事も出ていた(184)。けれども最新の研究では、ｍＲＮＡが実は比較的長期にわたって残り、人体に悪影響を及ぼしている可能性がある、と示唆する結果が出ている。

例えば二〇二二年八月に海外の専門誌に掲載された高知大学・佐野栄紀特任教授らの研究班による論文は、ワクチン接種後の患者において生じた帯状疱疹の皮膚から、ワクチン由来のｍＲＮＡが産出を促すスパイクタンパクが検出されたことを示している。なおスパイクタンパクとは、新型コロナウイルスが細胞に侵入するために使うものであり、これを細胞内でつくらせることで、ウイルスに対する抗体の産生が誘導されると考えられている(185)。

帯状疱疹の症状は三ヵ月も続いたと報告されている。なおコロナワクチン接種後に起き

るリンパ球減少による免疫不全と関連して、帯状疱疹が出現する可能性については、すでに正式な論文として提示されている(186)。周知の通り、免疫が低下している場合に発生しがちである帯状疱疹の症例が多くなっていることが、対応する事実である可能性がある。二〇二二年には、テレビで帯状疱疹ワクチンのCMが流れるようになったことに気付いた人も多いだろう(187)。

こうした免疫抑制によるコロナ以外の病気への脆弱化という重大な可能性を考慮せず、直接的接種後死亡の数字を見ているだけでは、本章第7節で論じる莫大な超過死亡の問題も、十分に理解できない恐れがある、と指摘しておきたい。「ワクチン後天性免疫不全症候群」(VAIDS)を懸念する免疫学者の声にも耳を傾けたい(188)。

三回目接種後に脳炎と心筋炎で死亡した患者の血管から、ウイルスの殻に当たるタンパクの有無によって、ウイルスではなくワクチンに由来すると証明されたスパイクタンパクが発見された事例も報告されている(189)。ウイルスや殻なしでも、ワクチンのスパイクタンパクそのものが、血管内皮細胞にとって有害であるという研究も出ている(190)。

特に心臓の障害についての問題については、厚生労働省の方針とワクチンの添付文書を読み合わせると、不可解な疑問を感じざるを得ないところがある。厚労省は、二〇二二年五月に始められた四回目接種の対象者として、高齢者や医療従事者の他に、一八歳以上六〇歳未満で、「基礎疾患を有する方や新型コロナウイルス感染症にかかった場合の重症化リスクが高いと医師が認める方」を想定していた(191)。そしてその基礎疾患のなかには、高血圧を含む慢性の心臓病がある。ところが、ファイザーおよびモデルナのコロナワクチン添付文書を見ると、いずれもまさに「接種要注意者（接種の判断をおこなうに際し、注意を要する者）」に、「心臓血管系疾患（略）の基礎疾患を有する者」が含まれているのだ(192)。これらの事実は、先に述べたウイルス由来のスパイクタンパクとワクチン由来のスパイクタンパクに共通する有害性もあいまって、新型コロナウイルス感染で重症化しやすい性質と、新型コロナワクチンによる副反応被害を受けやすい性質が重なることを、示唆しているのではないか。この疑問についても、私は厚労省にメールで質問を寄せたが、四ヵ月以上待ってもご返事をいただくことはできなかった。

いずれにせよ、先に挙げた諸々の研究は、厚労省、製薬会社およびワクチン推進派論者による安全性についての見解を、根底から覆す可能性があるものと思われる。こうした研究状況をほとんど反映しないまま、接種推進に有利な情報を流し続けた主要メディアは、接種対象者の国民に対して、十分な判断材料を提供する責務を果たしてきたといえるだろうか。それとは逆に、半ポスト真実的状況の出現に責任があるのではないか、と問われているのだ。

【注】

(183) https://www.cov19-vaccine.mhlw.go.jp/qa/0008.html
https://www.cov19-vaccine.mhlw.go.jp/qa/0021.html

(184)『毎日新聞』二〇二一年六月五日付朝刊「見る探る：陰謀論の思考とは／中　ワクチン反対派、厚労省前でチラシ配布」。この記事は、反対派の主張を一概に「陰謀論」と決めつける点で、典型的である。

(185) Yamamoto,M.,Sano,S.et al.,'Persistent varicella zoster virus infection following mRNA COVID-19 vaccination was associated with the presence of encoded spike protein in the lesion',in:*Journal of Cutaneous Immunology and Allergy*,22;00:pp.1-6,2022/8/25.
https://doi.org/10.1002/cia2.12278
高知大学「佐野栄紀特任教授らの研究チームの論文が『*Journal of Cutaneous Immunology and Allergy*』に掲載されました」二〇二二年九月九日。
https://www.kochi-u.ac.jp/information/2022090500015/
スパイクタンパクについての説明は、厚労省「新型コロナワクチンQ&A」から。
https://www.cov19-vaccine.mhlw.go.jp/qa/0021.html
より端的に、mRNAそのものがワクチン接種から最長で28日間血中に残存したことを示した論文として、次のものがある。
Castruita, J. A. S. et al., SARS-CoV-2 spike mRNA vaccine sequences circulate in blood up to 28 days after COVID-19 vaccination, in: *Journal of Pathology, Microbiology and Immunology*. Volume131, Issue3, March 2023., pp. 128-132, 2023/1/17.
https://doi.org/10.1111/apm.13294

(186) C.S.van Dam et al.,'Herpes zoster after COVID vaccination',in:*International Journal of Infectious Diseases*,Volume 111,October 2021,pp.169-171. https://www.sciencedirect.com/science/article/pii/S1201971221006810

この論文については荒川央『コロナワクチンが危険な理由』花伝社、二〇二二年、一六八頁以下により教示された。「ワクチンを打った人は『コロナ』にも『ほかの病気』にも罹りやすかった」（『女性セブン』小学館、二〇二二年八月四日、三六～三八頁）の近藤誠氏と小島勢二氏による解説も参照。

(187)「『帯状疱疹ワクチン』のテレビCMが急に流れ出したのはなぜ？」『Asagei plus』二〇二二年四月二五日。https://www.asagei.com/excerpt/209918

(188) 荒川央『コロナワクチンが危険な理由2』花伝社、二〇二三年、六八～六九頁。

(189) Mörz, M., 'A Case Report: Multifocal Necrotizing Encephalitis and Myocarditis after BNT162b2 mRNA Vaccination against COVID-19', in: *Vaccines* 2022, 10 (10), 1651, 2022/10/1.
https://doi.org/10.3390/vaccines10101651. この論文と次の注の論文の存在と解釈については、中村篤史医師に教示された。「スパイクタンパクの解毒法」二〇二二年一〇月四日。https://note.com/nakamuraclinic/n/n56080658df5f

(190) Yuyang Lei, et al., 'SARS-CoV-2 Spike Protein Impairs Endothelial Function via Downregulation of ACE 2', in: *Circulation Research*, 2021;128:1323-1326, 2021/3/31.
https://doi.org/10.1161/CIRCRESAHA.121.318902

(191)「追加接種（四回目接種）についてのお知らせ」https://www.mhlw.go.jp/stf/seisakunitsuite/bunya/vaccine_fourth-dose.html

(192) ファイザーの添付文書：https://s3-ap-northeast-1.amazonaws.com/medley-medicine/prescriptionpdf/672212_631341DA1025_1_20.pdf
モデルナの添付文書：https://s3-ap-northeast-1.amazonaws.com/medley-medicine/prescriptionpdf/400256_631341EA1020_1_08.pdf
オミクロン対応のファイザーの二価ワクチンについても、心臓疾患に関する同様の注意書きがある。
https://labeling.pfizer.com/ShowLabeling.aspx?id=17625

第6節 コロナワクチンの接種後死亡率がインフルエンザワクチンの約一〇〇倍という問題

インフルエンザワクチンの一〇〇倍以上の接種後死亡率

コロナワクチンの副反応疑いのなかで特に重大なのが、死亡である。一二歳以上の接種後死亡者数は、二〇二二年一一月一三日現在、合計一九一八人と報告されている(193)。接種後死亡の問題については、新聞をはじめ主要メディアも取り上げてきた。中には、遺族の苦悩に寄り添い、なかなか因果関係を認めようとしない厚生労働省の姿勢に批判的な報道も、特に二〇二一年には見受けられた(194)。本書執筆中には、免疫の過剰反応によるサイトカインストームが接種後死亡の原因となりうる可能性を指摘した研究についての記事も、目立たないながらも新聞に掲載されていた(195)。

この話題が完全にタブーとならず、具体的な接種後死亡数も隠蔽されず報道されたこと自体は、妥当なことだ――管見の限り、二二年には取り上げられること自体もまれになっているが。だが問題は、「一九一八人」のような生の数字の具体的意味を掘り下げた解説が、主要メディアにおいては少ないことだ。この数字の解釈において、非常に有意義な提案をした一人が、作家の山岡淳一郎氏である。二〇二二年五月二四日付のネット記事で山岡氏は、自分は全く「反ワクチン」ではないと断りながらも、厚生労働省の資料に基づき、次のような明晰な分析を提示している(196)。即ち二二年四月二九日付時点でのコロナワクチンの接種後死亡者数は二億六五九〇万回超の接種で一七一〇人、死亡報告頻度は〇・〇〇〇六四%であったのに対して、一四年シーズン（一四年秋〜一五年初夏）から一九年シーズンまで二億五八三五万回超の接種がおこなわれたインフルエンザワクチンは、死亡報告数はわずか一五人、死亡報告頻度は〇・〇〇〇〇〇五八%だったということだ。これらの数字の比較から山岡氏は、ファイザー・モデルナ・アストラゼネカのワクチンの接種後死亡率が、この時点ではインフルエンザワクチンの一〇〇倍以上であるという数字を導き出す(197)。

インフルエンザワクチンとコロナワクチンの接種後死亡率を比較して、同様の結果にたどり着いた論者は、他にも存在する。福島雅典・京都大学名誉教授らの研究班は、国立社会保障・人口問題研究所の資料に基づいて書いた論文において、一〇万人当たりの接種後死亡者数が、コロナワクチンの場合は一・七二五、インフルエンザワクチンの場合は〇・〇一一という結果に至っている(198)。計算すると約一五六倍に相当する。福島氏らは、接種から死亡までの経過日数も分析し、「半数を超える人が数日以内に亡くなっている事実は、ワクチン接種とそれら死亡の間には、密接な関連があることを示唆している」と踏み込んでいる（注198）『臨床評価』49（3）五〇五頁）。接種と死亡が本当に無関係なら、死亡例は接種直後に集中せず広く分散しないと統計学的に、不自然であるだろう。さらに「医師によるワクチン接

Fig. 2　Number of reported deaths on each day after vaccination

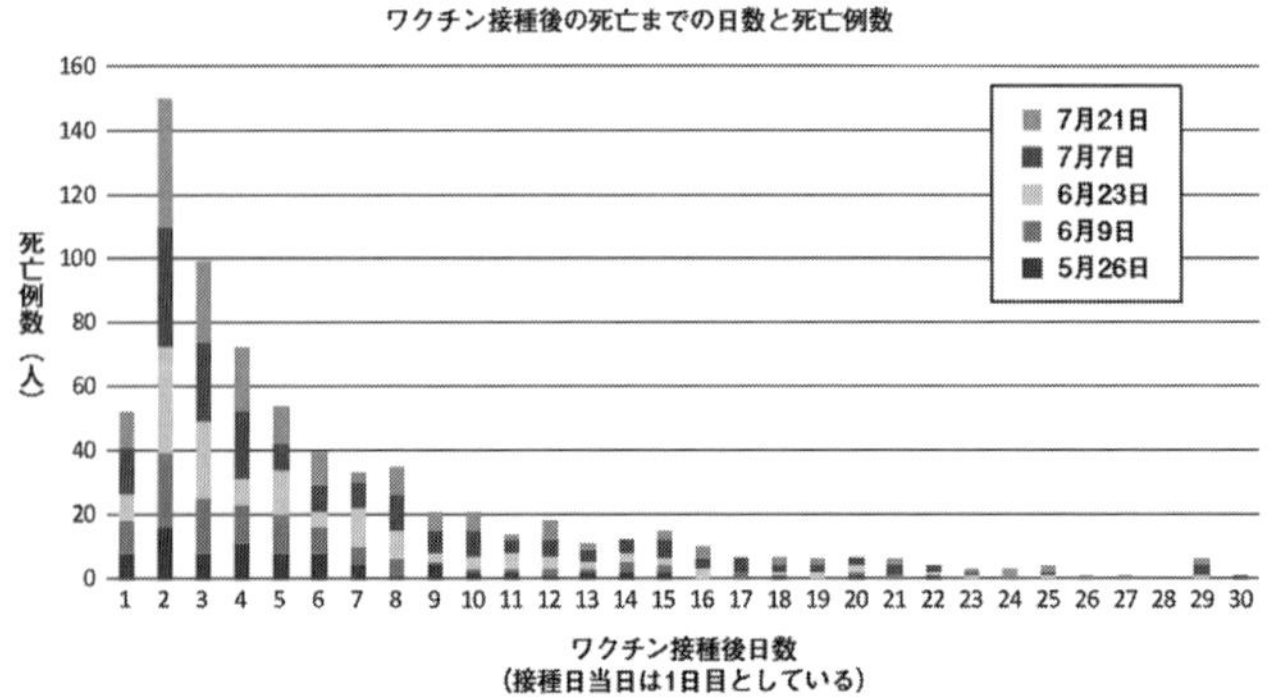

2021年5月26日，6月9日，6月23日，7月7日および7月21日に発出された厚生労働省の報告書において，それぞれの報告時点毎に着色したヒストグラムで死亡例を示す．接種日を1日目とする．これらのデータは補足資料A-2-1に基づいており，31日目以降の死亡例数（38例，不明29例を含む）は省略している．

以下出典より著者作成：
新型コロナワクチン接種後の死亡として報告された事例の概要：厚生科学審議会予防接種・ワクチン分科会副反応検討部会（第60-64回），薬事・食品衛生審議会薬事分科会医薬品等安全対策部会安全対策調査会（令和3年度第8, 9, 10-13回）報告資料（補足資料SA1-1 ～ SA1-8）

図12
福島雅典・平井由里子・中谷英仁・西村勉「COVID-19ワクチン接種後の死亡と薬剤疫学的評価の概要：全国民ベースの概観と提案」『臨床評価』臨床評価刊行会編、第49巻、第3号、2022年2月、503頁。接種後死亡数は、接種の翌日が最多であり、その後下がっていることが読み取れる。
http://cont.o.oo7.jp/49_3/p499-517.pdf

これらの論者に加えて、本章第1節で言及した高橋徳医師の動画も、当時の厚労省資料を用いて、コロナワクチンの接種後死亡率が、インフルエンザワクチンの100倍以上であるという結論にたどり着いている。

種後の死亡者数の報告は任意であり、全数把握ではない」という重要な事実を指摘した上で、正当にも「ワクチン接種後の死亡例については可能な限り病理解剖を行って病理発生プロセスの解明を進めるべきである」（前掲書五〇六頁）と大規模な調査を呼び掛けている（図12）。

【注】

(193) 厚生労働省「新型コロナワクチンの副反応疑い報告について」。内訳はファイザー一七〇七件、モデルナ二一〇件、武田社ワクチン（ノババックス）一件。https://www.mhlw.go.jp/stf/seisakunitsuite/bunya/vaccine_hukuhannou-utagai-houkoku.html

(194) 「接種後の死亡報告一二〇〇件超なのに…　ワクチン死因、なぜゼロ?」『東京新聞』二〇二一年一〇月二五日付朝刊、「コロナワクチン　接種直後に死亡は一三〇〇人超　割り切れぬ遺族の思い」『東京新聞』二〇二一年一一月二二日付朝刊。

(195) 「ワクチン接種後死亡の四人　免疫調節、過剰反応か」『東京新聞』朝刊二〇二一年九月一八日付。

(196) 「コロナワクチン　増え続ける副反応疑い死」『ニュースソクラ』二〇二二年五月二四日（URLは非常に長いため省略、冒頭で紹介した嶋崎のresearchmapを参照）。なお私自身厚生労働省の資料に遡って山岡氏の計算を確かめた。

(197) ただしアストラゼネカ製のコロナワクチンは、本書で特に問題視しているｍＲＮＡワクチンではなく、ウイルスベクターワクチンである。

(198) 福島雅典・平井由里子・中谷英仁・西村勉「COVID-19ワクチン接種後の死亡と薬剤疫学的評価の概要：全国民ベースの概観と提案」『臨床評価』臨床評価刊行会編、第四九巻、第三号、二〇二二年二月、四九九〜五一七頁。http://cont.o.oo7.jp/49_3/p499-517.pdf

過少報告問題と、副反応審査機関と厚労省の近しい間柄

いずれにせよ、接種後死亡のなかには一定程度、接種と無関係な原因による死亡例が含まれることは否定できない。厚労省担当者は、既述の山岡氏の取材に対し、mRNAワクチンは「初めての経験で、誰もが心配し、医療機関も念のために報告しようと考える」ため、報告数が多くなる、と釈明している(199)。全く別の病気を原因とする症状が、たまたまワクチン接種後に発生する事例は、俗に「紛れ込み反応」とも呼ばれている(200)。けれども、接種後死亡の大多数が「評価不能」であることは重要だ(201)。さらに既述の「念のため報告」とは逆方向の問題として、米国のワクチン有害事象報告システム（VAERS）に実際に報告される副反応疑いは、実数の一％程度に過ぎない、と推測する米政府機関サイトに掲載されている研究も存在することは知っておく必要があるだろう(202)。そのVAERSでは、コロナワクチンの接種後死亡報告数が二〇二二年一二月九日現在、三万二七二八件であることも知っておきたい(203)。日本においても、接種推進派の医師がワクチン有害事象を積極的に報告したがらない場合がありうることは、心理的に自然であると推察される。それ故、因果関係が確定してなくても、現在報告されている副反応疑い事例は「氷山の一角」にすぎない、という視点を持つことが必要ではないか(204)。

周知の通り、日本政府は接種後死亡とワクチン接種の因果関係を原則として認めてこなかった[205]。例えば、これまで極めて健康に生活してきた六一歳の男性が、二回目接種から六日後に肺や脚に生じた膨大な血栓によって死亡した事例。解剖した医師が死因は「新型コロナワクチン接種」と明記しても、他の原因が完全に否定できないという理由で、書類審査だけで覆された[206]。「医学診断では『病理解剖による診断が最終結論』であり、患者の診療や遺体の解剖に関与していない第三者が書類審査のみで病理診断結果を否定することはあり得ません」と断言する病理解剖経験も豊富な井上正康氏の言葉は重く響く[207]。

専門家による因果関係の評価実施の一翼を担う医薬品医療機器総合機構（ＰＭＤＡ）は、収入源の約八割を、製薬会社からの手数料や拠出金に依存している、という利益相反の疑いも、見過ごし難い。それ故山岡氏は、「独立」行政法人ではあるが、「人事面では厚労省薬系技官の『植民地』」となっている、と厳しく指摘する[208]。この構図は、原発の規制当局だった旧原子力安全・保安院が、原発推進の中枢にあった経済産業省の外局の資源エネルギー庁に置かれていたことと、相似している。スポーツの試合で、一方の選手と審判が仲間であるようなものなのだ。まさに「独立」行政法人の独立性、あるいは「第三者」機関の第三者性が問われる事態である。

かつての薬害において「官僚たちは少しでもワクチンの危険性を認めれば国民が予防接

種を受けなくなると懸念し、有害事象を隠したのだった」と批判されているが(209)、現在も実質的に同じことが繰り返されている懸念はないのだろうか。エイズ、スモン、サリドマイドといった薬害事件の当事者となり、敷地内に「誓いの碑」まで建てている厚労省に対して、必要な追及と監視を怠ることは妥当なのか、再考する必要がある（図13）。

誓いの碑

命の尊さを心に刻みサリドマイド、スモン、HIV感染のような医薬品による悲惨な被害を再び発生させることのないよう医薬品の安全性・有効性の確保に最善の努力を重ねていくことをここに銘記する

千数百名もの感染者を出した
「薬害エイズ」事件
このような事件の発生を反省し
この碑を建立した

平成11年8月　厚生省

図13　厚労省ホームページからの引用
https://www.mhlw.go.jp/seisakunitsuite/bunya/kenkou_iryou/iyakuhin/chikainohi/

【注】

(199) 山岡淳一郎「ルポ　副反応　第二回　因果関係　遺体は語る」『世界』岩波書店、二〇二二年九月号、九四～一〇三頁。

(200) 野口友康『「犠牲のシステム」としての予防接種施策』明石書店、二〇二二年、二三五～二三六頁。

(201) 二〇二二年一二月一六日時点では、一九一七件中、一九〇六件がγ＝「評価不能」であり、α＝「否定できない」は〇件である。残りの一一件はβ＝「因果関係が認められない」である。以下の資料の一二頁を参照。厚生科学審議会「副反応疑い報告の状況について」。
https://www.mhlw.go.jp/content/10601000/001025020.pdf

(202) Lazarus,R.et al.,'Electronic Support for Public Health-Vaccine Adverse Event Reporting System',in:*Digital Healthcare Research*,2011.https://digital.ahrq.gov/sites/default/files/docs/publication/r18hs017045-lazarus-final-report-2011.pdf

(203) https://www.medalerts.org/vaersdb/findfield.php?TABLE=ON&GROUP1=CAT&EVENTS=ON&VAX=COVID19
ただしこの数値は、随時更新されていく。

(204) 井上正康『マスクを捨てよ、町へ出よう』方丈社、二〇二二年、一二九頁。医薬品等行政評価・監視委員会委員の佐藤嗣道氏は、「一般的にこのような副作用報告、副反応報告というのは実際に生じた事例の一部しか報告されないというのが常」なので、コロナワクチンの実際の接種後死亡数は、報告数よりも一〇倍くらい高い恐れがある、と推計している。「第四回　医薬品等行政評価・監視委員会議事録」二〇二一年六月二八日。https://www.mhlw.go.jp/stf/newpage_19789.html

(205) 救済認定は実際になされているが、これは因果関係の認定とは別である。一部の自治体職員が「健康被害救済」と「副反応疑い報告」を混同している、という深刻な事態に関する指摘としては、次の資料を参照。山岡淳一郎「ルポ　副反応　第一回　なぜ、息子は死んだのか」『世界』岩波書店、二〇二二年八月号、四〇〜四九頁。

(206) 山岡淳一郎「ルポ　副反応　第二回　遺体は語る」『世界』岩波書店、二〇二二年九月号、九四〜一〇三頁。

(207) 井上正康、前掲書、一四頁。

(208) ＰＭＤＡの二〇二一年度決算でも、手数料・拠出金収入への依存度が高いことが確認できる。
https://www.pmda.go.jp/files/000247881.pdf
「植民地」は以下からの引用である。山岡淳一郎「コロナワクチン接種後死亡を追う　症例に評価を下す〝審判役〟のＰＭＤＡがワクチンと副反応の『因果関係』を認めない背景」『日刊ゲンダイ』二〇二二年一一月一日。
https://www.nikkan-gendai.com/articles/view/life/313711
なお利益相反が疑われるのは規制当局だけではない。例えば日本免疫学会の二〇二二年一二月の学術集会では、モデルナ・ジャパン社との共催で軽食付きの「イブニングセミナー『未来の免疫学』」が開催されたとのことである。https://www2.aeplan.co.jp/jsi2022/program/
(209) 山岡淳一郎、「ルポ　副反応　第三回　救援投手の死と『救済』」『世界』岩波書店、二〇二二年一〇月号、七一頁。

予防接種にも予防原則を

政府側がこのように副反応認定に極めて消極的だからこそ、メディアが単にコロナワクチン接種後死亡数のみを単なる数字として報告するだけでは、接種するかどうか決断するために、十分なリスクコミュニケーションができているとはいえないだろう。山岡氏らが実践したように、各メディアは、一般的にも身近なインフルエンザワクチンの接種後死亡率と比べてどれくらい多いのかを可視化し、数字の意味を具体化して、読者に判断材料を提供すべきではなかったか。そしてそれを怠ったことで、ワクチンの（実は疑わしい可能性がある）有効性のみを強調する半ポスト真実的状況が出現し、十分なリスク説明がされないまま、ワクチン接種推進の方向付けがなされたのではなかっただろうか。ワクチン副反応について、政府やメディアによる十全なインフォームドコンセントがなされていなかった、という指摘を重く受け止めるべきではないか[210]。

環境問題で重視される「予防原則」の考え方を予防接種にも導入し、因果関係がまだ立証されなくても、有害事象と接種の相関関係が数多く存在する時点で、より慎重な対応を取るのが、人々の命を守る上では、賢明であるように思われる。実際に北欧諸国では、まさに「予防的な措置」として、心筋炎などの恐れを重視して、三〇歳以下へのモデルナワクチンの接種を中止したことが伝えられている[211]。「厳密なエビデンスはない」と頑なに従来方針のまま突き進むのは、危ういのではないか。病理学的な、ミクロレベルの因果関係が未立証でも、合理的な疑いが認められ、統計的な、マクロレベルでの不都合な傾向が表れてきたら、幅広く注意を促し既存の方針を再考することが、人々の利益になるはずだ。また、政府が積極的に接種を推奨しているワクチンだからこそ、(潜在的)被害者の積極的救済も必要なのではないか。「福祉は本来、診断病名に対してではなく、機能障害に対して提供されるべきはずだ」という精神の下[212]、副反応か否かが厳密に確定する前に、幅広い生活保障を提供することこそが、実際に重篤な症状に悩む人々の救済に繋がるだろう。

【注】

(210) 寺島隆吉『コロナ騒ぎ　謎解き物語2』あすなろ社、二〇二一年、二五頁。

(211) NHK「北欧　若者のモデルナワクチン接種を中断　心筋炎などのおそれ」二〇二一年一〇月八日。https://www3.nhk.or.jp/news/html/20211008/k10013297041000.html

(212) 熊倉陽介「大きな数字を見つめながら小さな物語を聴くこと」『現代思想』青土社、二〇二〇年一一月号、一一六〜一二四頁。

科学的厳密性の追求が製薬会社と推進派の利益に

具体的には、近藤誠医師が提案した次のような基準を、真剣に検討するに値するだろう。「①ワクチン接種後、一ヵ月以内に急死したケースは、ワクチンの副作用が原因だと「推定」する。②この推定を破る（覆す）には、「ワクチン以外の原因」で死亡したという証拠を（因果関係を否定しようとする側が）提出して立証する」(213)

本書執筆中の二〇二二年八月に亡くなった近藤氏のがん治療に関する方針には、毀誉褒貶があることは承知している。しかしそれとは別に、ワクチンについての証明の「論理構造」の転換を迫るこれらの基準は、合理的である上に、弱い立場にある潜在的被害者の利益にかなうものではないか(214)。現状の厳密な因果関係を求める路線はそれ自体が間違いというわけではないだろうが、実践的には製薬会社や接種推進派の利益になっているからだ。日本でのワクチン接種開始直後に刊行された著書の中、近藤氏が予想していたことは、概ね当たっていたことを、もっと公平に評価すべきであろう。即ち、ファイザーワクチンの発症予防率九五％への疑問、ワクチンの有効率が時の経過と共に落ちること、大量の副作用が発生するであろうこと、「副作用死」の因果関係が認められることは皆無であろう、という予想などである(215)。それに対して、国民の大多数の二回接種による集団免疫形成・感染終息といった接種推進派による見通しは、外れていると認めざるを得ない(216)。

接種後死亡に関しては、本書執筆中の二〇二二年一〇月二〇日には、「繋ぐ会（ワクチン被害者遺族の会）」が結成され、因果関係認定を求めて国に対する集団訴訟を検討しているという。七〇年代の集団予防接種禍、ＭＭＲワクチン禍、Ｂ型肝炎禍、子宮頸がんワクチン禍に続く「第五の市民運動」の狼煙となりうる歴史的な動きであろう(217)。ＣＢＣをはじめとする一部地方メディアは切実な声を伝えている(218)。けれども驚くべきことに、主要メディアによってこの遺族会結成が報道されることは、非常に少なかった(219)。こうした事実が影響力あるメディアによって結果的に無視・軽視されることで、最終的に誰に有利に働くのかも、考える価値はあるだろう。

【注】

(213) 近藤誠『こわいほどよくわかる　新型コロナとワクチンのひみつ』ビジネス社、二〇二一年、一九一、一二三頁。過去のワクチン裁判の過程で形成された次の三基準も参考になる。①当該症状がワクチンの副反応として起こりうることについて医学的合理性があること、②当該症状がワクチンの接種から一定の合理的時期に発症していること、③他原因によるものであると考えることが合理的な場合に当たらないこと（山岡淳一郎「ルポ　副反応　第四回　裁判闘争と『三基準』」『世界』岩波書店、二〇二二年一一月号、一五二〜一六一頁）。

(214) 近藤誠、前掲書、一九〇頁。

(215) 近藤誠、前掲書、二〇五頁以下、二〇八頁、二〇九頁以下、二二二頁以下など。

(216) 例えば河岡義裕・東大教授は、六五〜七〇％の接種率で「集団免疫」が達成され、パンデミックは「終息」に向かうという見通しを示していた（『日経』二〇二〇年一二月二一日付朝刊「ワクチン効果や持続性　集団免疫のカギ」）。

(217)「第五の市民運動」は、野口友康氏が起こるだろうと予見したものである。二〇二二年一〇月に出版された野口氏の著書は、時間的にコロナワクチン遺族会結成に間に合っていないが、彼の予想は結果的に的中しているといえるだろう（『「犠牲のシステム」としての予防接種施策』明石書店、八八〜八九頁、三一三頁）。

(218) ＣＢＣニュース「『影の部分があまりに無視されている』新型コロナワクチン被害者遺族会が結成、遺族らが訴えていきたいこととは？」二〇二二年一〇月二一日。

https://www.youtube.com/watch?v=rm_LJBJ3fjA

「ＮＰＯ法人駆け込み寺２０２０」内の遺族会ホームページは、以下で閲覧できる。

https://567kyusai.com/meeting-to-connect/

(219) 僅かに『中日新聞』が夕刊の小さな扱いだが、一〇月二一日付で伝えている（「接種後に死亡　遺族ら会結成　コロナ救済申請支援へ」）。ただし同紙朝刊や同系列の『東京新聞』には載っておらず、周知効果は限定的だろう。他に日経ビジネスが二〇二二年一〇月二八日付で「ワクチン接種の影（上）コロナワクチン接種後死亡、遺族が集団提訴も　国は因果関係認めず」とスパイクタンパク質の毒性まで踏み込んで論じていることが高く評価できる。ただし有料のウェブ版であり、やや広がりを欠くと考えられる。https://business.nikkei.com/atcl/gen/19/00454/102600009/

第7節　二〇二一年・二二年の莫大な超過死亡の問題

厚労省と新聞各紙はワクチンを初めから〝免罪〟するが……

ワクチン接種後死亡問題と密接に関連して、もう一つ巨大な問題が存在している。二〇二一年に、最大で約五万三〇〇〇人という「予測死亡数を上回る死亡数」、つまり莫大な超過死亡数が記録された、という事実である(220)。さらに問題なのは、二〇二一年のコロナによると認定されている死者数は、約一万五千人しかないことである(221)。差分の約三万八〇〇〇人分の死は何に求めるべきか、と追究するのは当然のことだろう。『朝日新聞』と『日経新聞』は、二一年の途中経過段階で超過死亡数について取り上げているが、いずれもワクチンについては一言も触れず、『日経』は「医療の逼迫」が超過死亡の主要因だと推測する感染症疫学センター長の考えを紹介するに留まっている(222)。この解釈を真っ向から否定するのが、作家の大村大次郎氏である(223)。大村氏は二〇二一年の死因を分析した上で、医療の力で防げず、原因不明で高齢者が心停止した場合に分類される心疾患や、老衰による死が増えていることに注目する。分子生態学者の井上正康氏も、超過死亡数は「その年の前年までにはなく、その年に付け加わった事象が死亡の主因」と考えることが基本と論じ、二一年について、ワクチンをその筆頭の事象に挙げている(224)。

実は厚生労働省は、二一年の超過死亡に言及し、参考人を介して、ワクチンが原因ではない、といった反論を試みている(225)。その趣旨は、超過死亡はワクチン接種数の増加に先立って発生しているので、ワクチン原因説についての「時系列的な関係は説明が難しい」というものだ。だがこれに対しては、医学博士の鈴村泰氏が再反論をしている。厚労省の資料は、六五歳以上における五月の超過死亡はワクチン接種増加の前なので、医療逼迫に帰責している。けれども、一回目のワクチン接種のピーク後である六月以降の超過死亡についても何ら説明していないのは不十分である、というものだ(226)。この疑問は、私にももっともであるように思われる。外国においては、例えばニュージーランドでも、大量接種の直後に大規模な超過死亡が発生したことを報告した論文がある、と小島勢二医師が指摘したことも見逃せない(227)。

しかも莫大な超過死亡は二一年で終わったわけではない。「日本の超過および過少死亡数ダッシュボード」によると、二二年一～六月の上半期のみで、最大約五万人の超過死亡数が生じているという事実もある。このままでは、二二年を大きく上回ることが予測されるという意味である。これについては『東京新聞』が一〇月九日付朝刊で報道したが(「予測超す死者数　コロナ後最多に　国内一～六月、医療逼迫影響か」)、「医療逼迫影響」という専門家のコメントを伝えるだけで、やはりワクチンには言及していない。

【注】

(220)「日本の超過および過少死亡数ダッシュボード」
https://exdeaths-japan.org/graph/numberof/
ただしこの数字はこれまで更新されてきており、本節で引用する大村氏の数字とのずれは、この更新によると思われる。

(221) 二〇二一年のコロナ死者数については、厚生労働省ホームページの「データからわかる――新型コロナウイルス感染症情報」のエクセルデータ「死亡者数（累積）」から算出した。
https://covid19.mhlw.go.jp/

(222)『日経』二〇二一年一二月一〇日付朝刊「死亡数、コロナ余波で急増、震災の一一年上回るペース、宣言長期化、受診控えも、心不全や自殺、大幅増」。

(223)大村大次郎「六万人もの異常増加。日本で二〇二一年に『戦後最大の超過死亡』が起きたワケ」『大村大次郎の本音で役に立つ税金情報』二〇二一年一二月二一日。https://www.mag2.com/p/news/522195
ただし超過死亡が「戦後最大」かどうかは、計算方法によるところもあり注意が必要だが、いずれにせよ異例であることに間違いはない。

なお、荒川央氏は、コロナワクチンの後遺症として心筋炎、自己免疫疾患など加齢によりリスクが高まる疾患が報告されていることから、まさに老化を「隠れた副作用」として名指ししている。荒川央『コロナワクチンが危険な理由』花伝社、二〇二二年、二二三頁。
(224)井上正康『マスクを捨てよ、町へ出よう』方丈社、二〇二二年、七四頁。
(225)「二〇二一年の全死亡超過死亡の発生と新型コロナワクチン接種数の関係」アップロード日時不明。https://www.mhlw.go.jp/content/10601000/000900468.pdf
(226)鈴村泰「厚労省『超過死亡とワクチン接種数との関係についての見解』に対する疑問」『アゴラ』二〇二二年三月二三日。https://agora-web.jp/archives/2055677.html
(227)小島勢二「国立感染研は超過死亡の原因についての見解を改めて示すべきだ」『アゴラ』二〇二二年一〇月四日。https://agora-web.jp/archives/221003021343.html

莫大な超過死亡を「部屋の中のゾウ」にすべきではない

主要メディアは、二〇二〇年の超過死亡がマイナスになったこと、つまり過少死亡が生じたことは、大きく報道していた。この事実に対する説明としては、コロナ対策が他のウイルス対策にもなり、肺炎による死者数が減少したことが原因だ、などと分析されていた(228)。

ワクチン導入前の二〇年における日本のコロナ対策の成功を大きく取り上げるならば、ワクチンが導入された二一年以降の不都合な事実についても、主要メディアはもっと注意喚起し、できるだけ予断を排して、原因を追究すべきではないか。もしコロナワクチンが重症化を防ぐという推進派の主張が真であるのに、超過死亡数が増えているとしたら、それは不可解な事態であろう。成功体験だけを喧伝し、大きな失敗の可能性に対して最初から見て見ぬふりをするような態度は、半ポスト真実的状況を招くのではないだろうか。現状のようにワクチンを要因から根本的に除外する態度は、結果的に巨大製薬会社、厚生労働省、接種推進派、WHOの利益になっており、被害者になった可能性がある人々を、まさに沈黙のうちに、いわばもう一度葬り去ることになっているのではないか。

超過死亡数に関しては、上記の医療逼迫の他にも、コロナ下における運動不足による生活習慣病の悪化を原因として推測する記事もある(229)。無論私も、こういった原因の寄与分があることを否定するつもりはないし、是が非でもワクチンを要因と断定したいわけではない。けれども、重症化しにくいオミクロン株の蔓延下にあって、しかもワクチンに重症化予防効果があると盛んに主張される中、特に医療逼迫は要因として不十分ではないのか、と疑うことも必要であろう。小島勢二医師は、人口動態統計の死因までも分析し、医療逼迫が最も影響するはずのがんによる死者数が記事執筆時点では増えていないことにも注目し、医療逼迫説に反論している[230]。二二年には第七波で感染者数の過去最多を更新したものの、緊急事態宣言は発令されなかった、という事情もある。それでも自粛による運動不足の寄与分を、大きく見るべきなのだろうか。

ハンガリー出身の科学哲学者、イムレ・ラカトシュの「研究プログラム」論の概念を援用して考えてみよう。

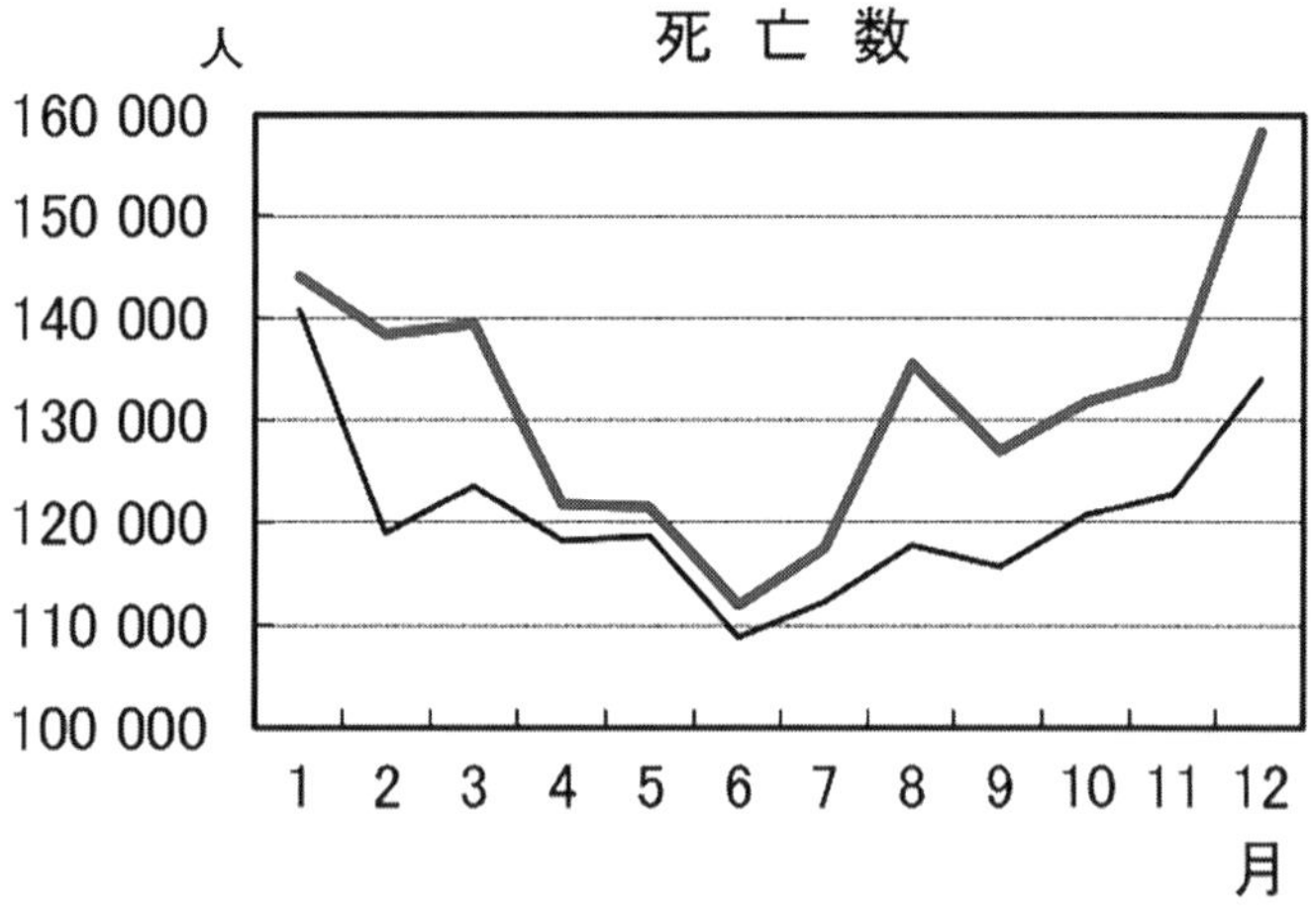

図14
厚生労働省「人口動態統計速報」(2022年12月分)からの引用、2023年2月28日公開、頁数の記載なし。上が2022年、下が21年。21年の死亡数も、平年に比べると格段に多いということを、念頭に置く必要がある。
https://www.mhlw.go.jp/toukei/saikin/hw/jinkou/geppo/s2022/dl/202212.pdf
8月分の数値は、「人口動態統計速報」(2022年10月25日公開)から入手できる。https://www.mhlw.go.jp/toukei/saikin/hw/jinkou/geppo/s2022/dl/202208.pdf

そうすると、ワクチンが是が非でも守り抜きたい「反駁不能」な「硬い核」となり、医療逼迫や運動不足といったそれ以外の要因候補が、それを守るための「補助仮説」からなる「防御帯」となっていないか、と疑ってみることも必要だ、ということになるだろう(231)。最も科学的でなければならない公衆衛生の分野の方法論が疑似科学的・疑似宗教的になり、

ワクチン接種率の日次推移

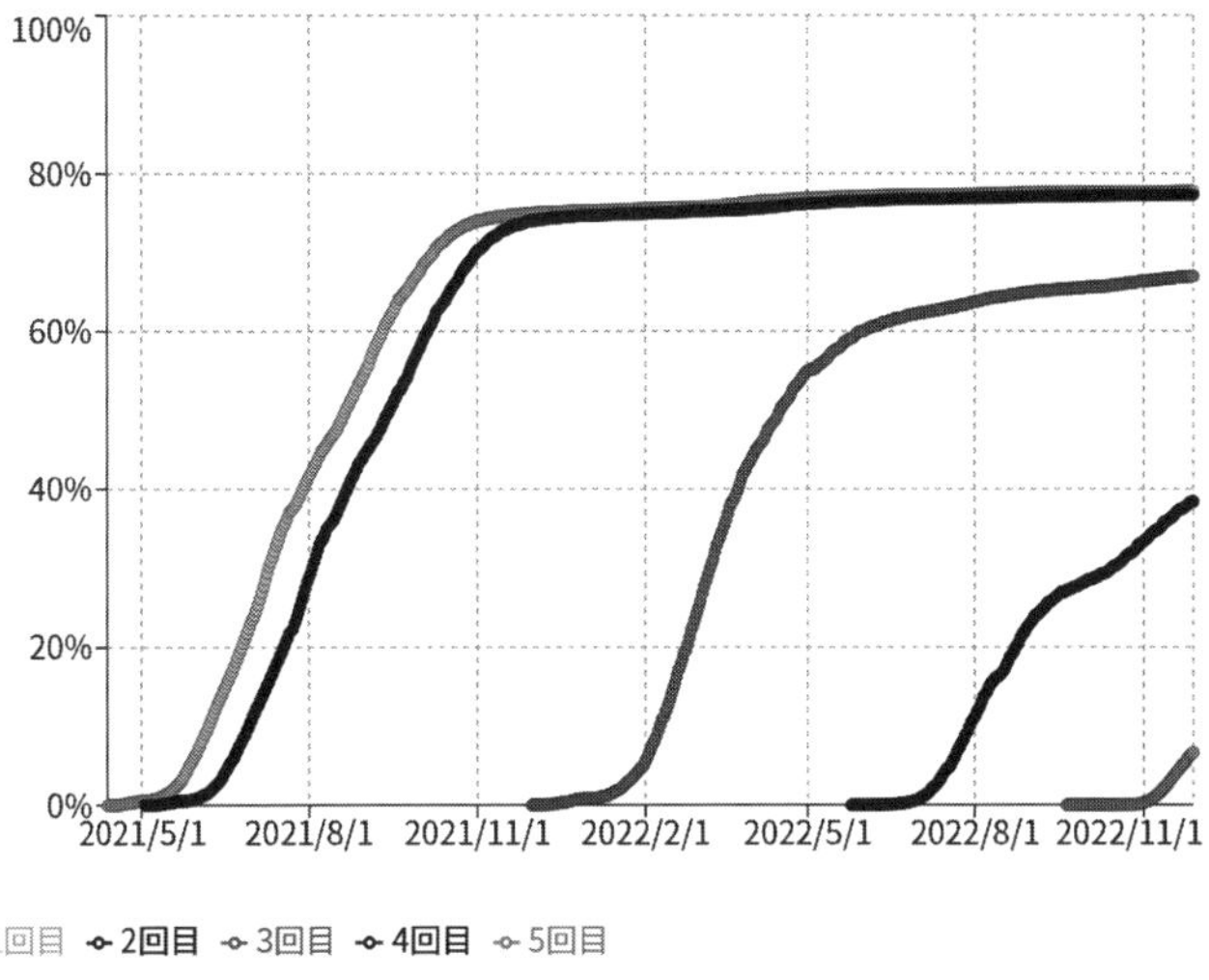

図 15
デジタル庁ワクチン接種記録システム（ＶＲＳ）「新型コロナワクチンの接種状況」より引用。図 14 と照らし合わせると、特に３回目と４回目と５回目の大量接種開始の直後に、大規模な死亡数が観測されるという相関関係が読み取れる。因果関係と相関関係が違うというのは初歩の知識だが、相関関係が後になってから因果関係だったとわかる可能性は否定できない。
https://info.vrs.digital.go.jp/dashboard/

教条的にワクチンを守り抜き、自己目的的に接種を推進し続ける固い信念に導かれているとしたら、人々の健康にとって、重大な脅威になりうるからだ(232)。

接種後死亡問題や超過死亡問題は、ウクライナ問題における「ネオナチ」や米国によるクーデター支援と、構造的に類似しているのではないか。つまり、巨大な不祥事疑惑でありながら、ほとんどの主要メディアがまともに追及しようとしない「部屋の中のゾウ」のようになっている、と疑う余地があるだろう。本書執筆中にデータが開示された二〇二二年八月に発生した死亡数は一三万五六四九人で、前年同月の一一万七八〇四人に比べて一五・一％も上昇している。高齢者の四回目接種の直後に発生したこの死亡数は、グラフを見ると非常に大きな急角度で跳ね上がっている。もちろん、猛暑など、他の要因の影響を否定するつもりはないが、五回目接種後の超過死亡激増と併せて、原因を究明すべきである所以だ(233)(図14、15)。

【注】

(228)例えば『朝日新聞』二〇二二年二月二三日付朝刊「昨年の死者、一一年ぶり減　人口動態統計、肺炎が減少『コロナ対策効果』指摘も」。

(229)『日経』二〇二二年六月五日付朝刊「死亡数一～三月急増　国内三・八万人増、『感染死』の四倍」。この記事が「コロナ以外の要因も含め、詳しく死因を検証する必要がある」と指摘していることに賛同できるが、やはりワクチンは初めから除外している。

(230)「『ワクチン接種』と『不気味な死者激増』」『女性セブン』二〇二三年一月五～一二日号、小学館、四四～四六頁。

(231)イムレ・ラカトシュ、村上陽一郎他訳『方法の擁護　科学的研究プログラムの方法論』新曜社、一九八六年、七〇～七九頁。周知の通り、ラカトシュも依拠するカール・ポパーは、「反証可能性」即ち反駁され得ることを、経験科学の判別基準として認定していた。カール・R・ポパー、大内義一・森博訳『科学的発見の論理（上）』恒星社厚生閣、第4章「反証可能性」を参照。

(232)京都大学教授だった福島雅典氏は、「哲学のない科学は狂気（凶器）である。科学を盲信しトップ・ジャーナルを崇める状況は、何か、歪んだ宗教とでもいうべき様相を呈している」と述べている。福島雅典「翻訳刊行に寄せて　科学盲信とトップジャーナル信仰は歪んだ宗教か？」マーシャ・エンジェル『ビッグ・ファーマ』所収、篠原出版新社、二〇〇五年。この「トップ・ジャーナル信仰」は、本章第9節のイベルメクチンを巡る問題にも応用できるだろう。

(233)なお、二〇二一年の「死因簡単分類別にみた性別死亡数・死亡率」によると、老衰は二〇年が一三万二四四〇人であり、二一年は一五万二〇二七人と大幅に増加している。がん（悪性新生物）は三七万八三八五人から三八万一五〇五人へと変わった程度であり、自殺は二万二四三人から二万二九一人と、ほとんど増えていないことがわかる。
https://www.mhlw.go.jp/toukei/saikin/hw/jinkou/kakutei21/index.html

第8節 ファイザーワクチンの一二九一種の有害事象リストの問題

衝撃の「致命的」二一・九%

接種後死亡以外の副反応疑いで重要なのが、ファイザーワクチンの一二九一種類の有害事象リストである。この問題も極めて重要であると思われるが、全国紙をはじめとする主要メディアでは、ほとんど報道されていない。すでに言及した関西のローカルテレビ局・サンテレビが二〇二二年八月二四日に果敢にも伝え、ネット上でも閲覧できる記事の概要を、検証を交えつつ要約する(234)。

七月一〇日時点で医療機関からの重篤な副反応疑い報告は七五三八件、製造販売業者からの報告は二万三四三六件、医療機関からは七五八五件に上っており、ギラン・バレー症候群や心膜炎などで多くの人が苦しみ、現場の医師が副反応とみなしたものもある。心筋炎・心膜炎に関しては、ファイザーとモデルナのワクチン添付文書日本語版に副反応として正式に明記されている(235)。当該のリストは、二〇二一年三月に、科学者・医療従事者・ジャーナリストらによるコロナワクチンを調査する非営利機関であるPublic Health and

Medical Professionals for Transparency（ＰＨＭＰＴ）が、ファイザー社のコロナワクチンに関する機密文書だとされる資料を入手し、ホームページで公開したものだ(236)。膨大な資料のなかには、一二九一種の接種後に起こりうる可能性がある有害事象が記されている。驚くべきは、四万二〇八六の有害事象中の一二二三という「致命的」（fatal）の数であり、これは約二・九％に相当する(237)。

【注】

(234)「ワクチン後遺症　ファイザー社の有害事象報告書と国内の症例報告」
https://sun-tv.co.jp/suntvnews/news/2022/08/24/56852/

(235) コロナワクチンの添付文書は以下で入手できる。
ファイザー：https://www.kegg.jp/medicus-bin/japic_med?japic_code=00069248
モデルナ：https://medley.life/medicines/prescription/631341EA1020/doc/

(236) この資料は、以下で入手できる。
https://phmpt.org/wp-content/uploads/2021/11/5.3.6-postmarketing-experience.pdf

(237) ファイザーのリストの副反応症例一覧を邦訳して著書に掲載した分子病態学者の井上正康氏が、この数字に注目している。『マスクを捨てよ、町へ出よう』方丈社、二〇二二年、第六章。ＰＨＭＰＴの開示資料のなかの Cumulative Analysis of Post-authorization Adverse Event Reports の七頁に、「致命的」（fatal）＝一二二三を見出すことができる。

リスト掲載の「有害事象」が実際に接種後に発生

本書ですでに言及した小島勢二医師によると、この資料に記されているギラン・バレー症候群や、血小板減少症など、重篤な疾患が、接種後副反応疑いとして、一〇〇件単位で実際に報告されている(238)。小島医師は、血栓止血学会の資料を引用し、ワクチン接種後に、自己免疫疾患の原因となる自己抗体ができた死亡例に関する報告を挙げている。厳密に因果関係が立証されていなくても、ファイザーが理論上起きうる副反応として挙げた症状が、現実の診療において出現している、という理論と現実の一致を、極めて重く受け止めるべきではないか。

こうした深刻な事態を踏まえ、サンテレビはファイザー社に対し三つの質問をした。

1　ＰＨＭＰＴのウェブサイトの有害事象報告は本物か？

2　日本政府に対して報告は？　いつ？

3　テキサス州の裁判所がＦＤＡに情報開示命令を出した？

3に関しては、ＰＨＭＰＴが米ＦＤＡに情報開示請求を起こし、テキサス州の裁判所が開示命令を出した、とＰＨＭＰＴが主張しているためだ。ところがファイザーからサンテレビに対しては、有害事象レポートに関する資料を公に発表したという事実はなく、第三者のウェブサイトが公開した情報については伝えることは何もない、という事実上のゼロ回答があったのみである。ただし2については、サンテレビも伝えているように、川田龍平参院議員が、二〇二二年四月二六日の参院厚生労働委員会で質問している。川田議員による厚生労働省はいつこのファイザーの資料について知ったか、という追及に対し、医薬・生活衛生局長の鎌田光明氏は、川田議員に指摘されるまで知らなかったと、国の担当部署としては心許ないが、正直に答えている。しかもこのファイザー資料のデータについて、そのまま公表するのではなく、「専門家」に諮った上で公表するという姿勢を示している(239)。

【注】

(238)「七月八日開催：第八一回厚生科学審議会予防接種・ワクチン分科会副反応検討部会、令和四年度第六回薬事・食品衛生審議会薬事分科会医薬品等安全対策部会安全対策調査会資料」
https://www.mhlw.go.jp/stf/shingi2/0000208910_00044.html

(239)参院厚生労働委員会でのやり取りは、議事録検索システムで閲覧できる。この不都合な情報への消極的な開示姿勢は、川田議員によって「大本営発表」だと批判されている。なお厳密には、厚労省が、ファイザーが入手した資料と、川田氏が念頭においているPHMPTの資料がどこまで重複しているかは、ファイザーによれば不明とのことである。厚労省のファイザーに対する追及不足ではないか。
https://kokkai.ndl.go.jp/#/detail?minId=120814260X01020220426&current=4
なお本節で論じたワクチンによる自己免疫疾患の作用機序については、次の著作が「抗体依存性自己攻撃」という概念を用いて説明している。荒川央『コロナワクチンが危険な理由』花伝社、二〇二二年、七六〜七七頁。

サンテレビの検証を引き継ぐ：ロイターとファイザーのただならぬ関係

サンテレビの記事はここで終わっている。大手メディアの反応が総じて鈍い中、サンテレビの奮闘に敬意を表したい。だが、ファイザー社の機密資料とされる文書が本物かどうか、このままでは不明のままであることから、ここからは私独自の検証を続けてみたい。

参考になるのが、ロイター通信が二〇二二年三月一七日に公開したこの件に関する「ファクトチェック」である(240)。この記事の筆者がファイザーに尋ねたところ、ワクチンと有害事象は「相互に因果関係を持たないであろう」（They 'may not have any causal relationship' to each other）という回答を得た。しかも、サンテレビが取り上げたのと同じＰＨＭＰＴが公開したCumulative Analysis of Post-authorization Adverse Event Reportsにリンクを貼った上で、ロイターの筆者は、これがＦＤＡに提出されたと明記している。注目すべきであるのは、同一の資料に対して、ファイザー社はサンテレビにはゼロ回答だったのにもかかわらず、ロイターに対しては、これが本物であることを認めた上で弁解している、という不可解な事実である。その弁解の中身も、米国のワクチン有害事象報告システム（ＶＡＥＲＳ）などの各国の機関へは、ワクチンが原因かどうか不明な事象についても報告されることになっている、と自明かつ周知のことを繰り返すにとどまっている。因果関係立証済みの副反応と確定する前の段階の疑いをもたれる現象も、有害事象として報告していいことになっているからだ。ロイターの結論は、この資料にある有害事象は、ファイザーによって副反応として認められたものではない、というこれまた当たり前のものだ。たとえ因果関係不明であっても、重篤なものが含まれる症状が生じる可能性について知りたい、という接種を検討する人々の切実な願いに応える姿勢になっているとは、いい難いだろう。また、少なくとも現時点では、弱毒化傾向にあるオミクロン株による感染症という一種類の疾病を避けるために、一二九一種もの副反応の可能性を甘受する判断は、果たして妥当といえるのだろうか(241)。

財務省が厚生労働省に対して、コロナの特別扱いに財政の視点から歯止めをかけるために作成した資料をご覧いただきたい(図16)。なお同じ財政の観点からすれば、国土交通省が実施する「全国旅行支援」について、次のような疑問がある。即ち、旅行に出かける余裕がある人々を優遇するのに国費を使うのであれば、なぜ副反応・後遺症であることが疑われる症状で、日常生活さえまともに営めなくなっている人々をもっと積極的に助けないのか、というものだ。旅行支援が、優遇措置との組み合わせで、ワクチン接種推進の手段となっている側面も知っておく必要がある(242)。

さらには、mRNAワクチンとして構造的共通点があるはずのモデルナワクチンに、対

◆新型コロナウイルスの重症化率、致死率の変化（大阪府）
第18回新型コロナウイルス感染症対策分科会提出資料（R4.9.16）

	第5波（デルタ株）(R3.6.21～12.16)		第6波（BA1.2）(R3.12.17～R4.6.24)		第7波（BA4.5）(R4.6.25～8.21)	
	重症化率	致死率	重症化率	致死率	重症化率	致死率
60歳未満	0.70%	0.07%	0.02%	0.01%	0.01%	0.004%
60歳以上	4.72%	3.71%	0.73%	2.09%	0.14%	0.475%

（出所）第18回新型コロナウイルス感染症対策分科会（R4.9.16）に提出された大阪府健康医療部の資料のデータを基に作成。

◆第７波における新型コロナウイルスの致死率（東京都）
東京都新型コロナウイルス感染症モニタリング会議資料（R4.10.27）

✓ 過去の波と比較して、**死亡率は低い。**
✓ 第７波では、**約３割が新型コロナ以外の原因で亡くなっている。**

		第7波（BA4.5）(R4.7.1～9.30) 致死率
60歳未満		0.01%
60歳以上		0.64%

（出所）東京都新型コロナウイルス感染症モニタリング会議（R4.10.27）資料を基に作成。

◆新型コロナウイルス感染症対策アドバイザリーボード事務局提出資料（R4.7.13）

	第5波（デルタ株）(R3.7～10)		第6波（BA1.2）(R4.1～2)		季節性インフルエンザ (H29.9～R2.8)	
	重症化率	致死率	重症化率	致死率	重症化率	致死率
60歳未満	0.56%	0.08%	0.03%	0.01%	0.03%	0.01%
60歳以上	5.0%	2.5%	2.49%	1.99%	0.79%	0.55%

（出所）新型コロナウイルス感染症対策アドバイザリーボード事務局提出資料（R4.7.13）を加工
※季節性インフルエンザはNDBにおける2017年９月から2020年８月までに診断または抗インフル薬を処方された患者のうち、28日以内に死亡または重症化（死亡）した割合である。新型コロナは協力の得られた３自治体のデータを使用し、デルタ株流行期の場合は2021年７月から10月、オミクロン株流行期の場合は2022年１月から２月までに診断された陽性者のうち、死亡または重症化（死亡）した割合であり、感染者が療養解除した時点、入院期間が終了した時点、デルタ株流行期の場合は届出から２ヶ月以上経過した時点又はオミクロン株流行期の場合は令和４年３月31日時点でのステータスに基づき算出している。年齢階級別の重症化率においても概ね同様の傾向が見られるが、比較する際にはデータソースの違いや背景因子が調整されていない点等に留意が必要。

図 16
財務省資料「社会保障」、2022 年 11 月 7 日。
https://www.mof.go.jp/about_mof/councils/fiscal_system_council/sub-of_fiscal_system/proceedings/material/zaiseia20221107/01.pdf

応する副反応の恐れはないのかどうかも、気になるところである。新興企業であるモデルナは今回のワクチンが市場初投入であるため、実績に乏しいと懸念されることもある(243)。日本の主要メディアはファイザーによるこの巨大な不祥事を見逃してしまっているため、モデルナの追及をおこなうこともできないのだろうか。

本書第1章で見たように、ロイターはウクライナのマリウポリを巡って、自分たちの見立てに都合が悪いと考えられる動画を削除する、という深刻な不祥事を起こしている。実はファイザーの取締役（board member）には、トムソン・ロイター財団のＣＥＯをかつて務め、トムソン・ロイター財団の議長であるジェームズ・Ｃ・スミス氏が名を連ねているという事実がある(244)。違法ではなくとも、道義的観点からは、利益相反とみなされかねない人事であるように思われる。ロイターが世界的に有力な通信社だとはいえ、しがらみのない客観的で中立的な「ファクトチェック」ができる立場なのか、いわばメタチェックすることとの必要性を喚起するには、ちょうど良いきっかけではないだろうか。日本メディアも、このような通信社を情報源とするにあたっては、過信を避け、より慎重である必要があるのではないか。そもそも、日本の地方テレビ局の取材に対しては冷淡だが、世界的通信社であるロイターに対してはまじめに答えているファイザーの姿勢は、どう評価されるべきだろうか。なお先に言及したサンテレビの記事には、一二九一種類の有害事象の報告があったのは誤りであり、「起こりうるあらゆる有害事象の可能性を検証したリスト」だった、という訂正が入っている。だが、ロイターの記事では、副反応であるかは不明でも、実際に起きた有害事象であることを前提にしているので、これまた不条理であるように思われる。

【注】

(240) Fact Check-Pages of suspected side effects released about Pfizer's COVID-19 vaccine 'may not have any causal relationship' to the jab, company says.
https://www.reuters.com/article/factcheck-coronavirus-pfizer-idUSL2N2VK1G1

(241) 無論、弱毒化傾向があるからといって、「コロナはただの風邪」といった極論に与するつもりはない。コロナには一般の風邪には見られない長期の後遺症の傾向が報告されたりしているからだ。だが、コロナ感染対策は現状のようにワクチンの過剰重視でいいのか、という疑問を呈したいのは確かである。

(242) 観光庁「旅行業・宿泊業におけるワクチン・検査パッケージ運用ガイドライン」二〇二一年一一月一九日。https://www.mlit.go.jp/kankocho/content/001442240.pdf

(243) モデルナの商品史上初投入の件については、以下の論文に教示された。Stephanie Seneff and Greg Nigh, 'Worse Than the Disease? Reviewing Some Possible Unintended Consequences of the mRNA Vaccines Against COVID-19', in: *IJVTPR*, May 2021, pp.389-430, esp. p.390.

(244) https://www.pfizer.com/people/leadership/board_of_directors/james_smith

国策や製薬会社の広報担当者になる勿れ

本来であれば、最低でもここまで掘り下げて論じるべき重大な問題であるはずの、不吉なファイザーのリストである。これが主要メディアによってほぼ無視されることで、接種推進派にとって都合の良い、半ポスト真実的状態が出現したのではないだろうか。主要メディア自身、接種を推進する専門家や厚生労働省の見解を優先的に伝えており、副反応問題への関心に濃淡はあれども、その有効性と安全性を根底から疑う専門家が大きな発言権を与えられることは、少ないようである。そのようにして問題の当事者、厳しく言えば、接種推進という国策の広報担当者になってしまったところがあるのではないか。それにより、旧統一教会問題や元首相国葬問題など、最近の他の話題では発揮できているように見える、鋭い批判精神が鈍るところがなかったのだろうか。例えば日本経済新聞社が二〇二二年一一月に、厚生労働省の後援と、他ならぬモデルナ・ジャパンやファイザーの「特別協賛」を得て、「日経・FT感染症会議」なるものを開催したことは、メディアとして、国家や巨大製薬会社との関係が近過ぎると評価せざるをえないのではないか[245]。

近年では、多くの新聞社が東京五輪のスポンサーになったことで利益相反の形に陥り、コロナの感染爆発の最中に開かれた大会に対して批判が鈍ったのでは、という見方があることも、思い起こしておきたい。五輪に関連しては、当時の政権が開催を確実にするために「一日一〇〇万回」のような大きな目標を立て、接種推進に邁進したのでは、とも疑う余地がある(246)。

【注】
(245) https://cdc.nikkei.com/
(246) 五輪関連では、本書でこれから言及するイベルメクチンを利用してコロナを制圧し、開催につなげようという米国の医師団体からの提言を、日本政府が無視したことが『デイリー新潮』により伝えられている。「『イベルメクチンで感染者数・死亡者数を劇的に減らせる』米国の医師団体が提言　未だに流通しない裏事情とは」二〇二一年七月二日。https://www.dailyshincho.jp/article/2021/07020557/?all=1

第9節 イベルメクチンを巡る論争と学会や国際機関の「異常事態」

「寄生虫薬」にすぎぬという決めつけを超えて

報道されることは少なかったが、これほど疑惑と問題の多いコロナワクチン。本章の初めに、ワクチンをコロナウイルスに対する切り札とみなす主流の意見を否定する見解があることに触れた。後者の集団には、ノーベル賞受賞者の大村智氏が開発したイベルメクチンが新型コロナウイルス治療に有効である、と唱える人々が属する。イベルメクチンというと動物向けの寄生虫薬という印象が強いであろう。実際に「動物薬である」「抗原虫薬である」と狭く定義して「新型コロナに有効である訳がない」といった「近視眼的」な「決めつけ」が多い、とある専門家は嘆く。その上でイベルメクチンは、寄生虫はもちろんウイルスにも効果があり、新型コロナウイルス患者の行き過ぎた免疫反応を抑えるなどの作用があるので、「多機能医薬品」として見るべきだ、と反論する(247)。にもかかわらず、イベルメクチンの可能性を真剣に吟味しなかったことが、日本がｍＲＮＡワクチン接種に血道をあげることになった要因の一つである可能性があるといえよう。

イベルメクチン以外にも、例えばビタミンDのような安全な栄養素によるコロナ予防効果を示す正式な論文も存在する。にもかかわらず、主要メディアでは、こういった睡眠、栄養、適切な体温維持、運動等まで総合的に関係する自然免疫が果たす役割も、概ね軽視されてきたといえるだろう(248)。

【注】

(247) 大村智編『イベルメクチン』河出書房新社、二〇二一年、一三五頁（八木澤守正氏の執筆分）。

(248) 主要メディアでかなり一方的に重視されてきた（ワクチン接種による）抗体免疫ではなく、細胞性免疫や、自然免疫を重視する研究者としては、例えば宮沢孝幸氏と井上正康氏が挙げられる。宮沢『コロナワクチン失敗の本質』（鳥集徹氏との共著）宝島社、二〇二二年、二六頁。井上『マスクを捨てよ、町へ出よう』方丈社、二〇二二年、一〇六頁。ビタミンDのコロナ感染予防効果を示した論文としては、次を参照。Gibbons,J.B.et al.,'Association between vitamin D supplementation and COVID-19 infection and mortality', in:*Scientific Reports*,2022/11/12.
https://www.nature.com/articles/s41598-022-24053-4
また、ウイルス感染症に対する栄養と自然治癒力の効果に着目した研究として、以下を参照。林利光『ウイルス感染症のパンデミックと国民生活　食によるコロナ対策の科学的エビデンス』本の泉社、二〇二一年。柳澤厚生『新型コロナウイルスはビタミンC、D、亜鉛で克服できる！』主婦の友社、二〇二一年。

イベルメクチンの治験「失敗」とゾコーバの「成功」

本書執筆中の九月下旬に、製薬会社の興和が、イベルメクチンに関する治験をおこなった。無作為・二重盲検といった厳密な方法で、一〇〇〇例以上のコロナウイルス患者について、イベルメクチン投与群と疑似薬投与群を比較したところ、いずれも四日程度で軽快したため、イベルメクチンの有効性を見出すことはできなかった、と報告されている(249)。これについては、そもそも二〇二二年の日本で主流になっているオミクロン株のような重症化しづらく、薬なしでも比較的早期に軽症になるウイルスに対して有効性を示すことが困難である、という見方もできるだろう。この治験の投与量、投与時期が共に不適切であると指摘する、かつてイベルメクチンをコロナ対策に使用していた医師の声も知っておきたい。治験「失敗」のニュースを聞いて歓喜した他の医師らの反応に、この医師が抱いた強い違和感を、私も共有している(250)。患者を治療する手段が一つ減ったことで大喜びするような医師は、本来の「仁術」やヒポクラテスの精神から懸け離れていると思われるからだ。さらに私が驚いたのは、この芳しくなかったとされた実験結果のニュースが、日本有数のプラットフォームであるヤフーニュースのトップで取り上げられていたのを見たことだ。これだけを見た人は、やはりイベルメクチンは無効だったのだな、という印象だけを持ち帰ることであろう。

なお――恐らく偶然にも――このニュースの数日後に、塩野義製薬のコロナ治療薬「ゾコーバ」（エンシトレルビル）について、新型コロナへの効果が認められた、という報道があった。塩野義の発表文を見ると、「症状消失までの時間の中央値は、本薬の申請用量投与群では一六七・九時間、プラセボ群では一九二・二時間」とのことだ。つまり何も治療しないと八日間である療養期間が新薬の効果により七日間に短縮できたということである。短縮期間はわずか一日であるし、しかも問題になっていた症状は「鼻水または鼻づまり、喉の痛み、咳の呼吸器症状、熱っぽさまたは発熱、けん怠感」といった典型的な風邪の症状である(251)。

【注】

(249) 二〇二二年九月二六日「興和／新型コロナウイルス感染症患者を対象とした『K-237』（イベルメクチン）の第Ⅲ相臨床試験結果に関するお知らせ」　https://www.kowa.co.jp/news/2022/press220926.pdf
なおこの報告書はイベルメクチンの安全性は確認されたと明記し、一般的にも実績ある相対的に安全な薬として知られているが、薬である以上、副作用がないわけではもちろんない。京都大学の金久實研究室が運営するデータベースでは、下痢（発生頻度不明）、肝機能障害（〇・一～五％未満）、発疹（〇・一～五％未満）、嘔吐（〇・一％未満）といった症状が挙げられている。
https://www.kegg.jp/medicus-bin/japic_med?japic_code=00049234

(250) 佐々木みのり「イベルメクチンの治験結果について思ったこと」二〇二二年一〇月二一日。https://

ameblo.jp/drminori/entry-12769546902.html
(251)「新型コロナウイルス感染症（COVID-19）治療薬エンシトレルビル フマル酸（S-217622）の 第二／三相臨床試験 Phase3 partにおける良好な結果について（速報）」二〇二二年九月二八日。https://www.shionogi.com/jp/ja/news/2022/09/20220928.html
当然ながら、ゾコーバも薬である以上、副反応や禁忌もある。「ゾコーバ®錠 125mg による治療に係る同意説明文書」二〇二二年一一月。https://www.pmda.go.jp/RMP/www/340018/4b3e4906-cdee-496f-8229-d3516f9b636a/340018_62500B8F1020_01_001RMPm.pdf

東京都医師会会長、大村智氏の動画も削除

本章第1節では、ユーチューブがイベルメクチンの新型コロナへの効果を肯定する発言を含む動画を、一律に削除対象としていることを問題視した。東京都医師会会長のような権威ある地位に就いている人物が、イベルメクチンをコロナ治療で試すべきだと発言した動画や(252)、イベルメクチン開発者の大村智氏と中島克仁衆院議員によるイベルメクチンを巡る対談動画が削除されたことも、報告されている。「科学研究者の立場での活動・分析内容を発信しただけでネットから削除されるということは、科学とは無関係な思惑と力が働いている証拠」であり、「政治問題の様相」を見せている、という指摘を重く受け止めたい(253)。さらには、イベルメクチンを推進する医師らを、根拠のない反ワクチン運動

や、陰謀論と結び付けて非難する海外の大手メディアもある(254)。こうしたバランスの悪い情報発信の状況もまた、半ポスト真実をもたらしていると考えられる。米国では、イベルメクチン推進派の医師が医師免許を剝奪すらされる場合がある、というヒステリックな状況であると報告されているので、日本はまだましなのかもしれないが(255)。

【注】

(252) 寺島隆吉『コロナ騒ぎ　謎解き物語2』あすなろ社、二〇二二年、一三八頁。

(253) 大村智編、前掲書、二五二～二五三頁（馬場錬成氏の執筆担当分）。

(254) Ivermectin frenzy:the advocates,anti-vaxxers and telehealth companies driving demand　in:*The Guardian*.2021/9/13.
https://www.theguardian.com/world/2021/sep/13/ivermectin-treatment-covid-19-anti-vaxxers-advocates
日本でも、コロナワクチンの危険性を早くから訴え、イベルメクチンも用いた治療活動に取り組んでいた長尾和宏医師が、同業者から「『捏造』『金もうけ』などと陰謀論者扱い」されたという報告がある。林田英明「コロナワクチン後遺症に目を向けよ～医師・長尾和宏さん」二〇二二年四月二日、『ISF独立言論フォーラム』https://isfweb.org/post-830/

(255) America's Frontline Doctors' Prescriber Stripped of All State Licenses,2022/4/26.
https://www.medpagetoday.com/special-reports/exclusives/98407

イベルメクチンの効用を知る

ここからはイベルメクチン発明者たる大村智氏の編著に従って、この薬品がコロナ危機において挙げてきたとされる成果とその有効性に関する証拠を振り返ろう。最も重要な総説論文として挙げられるのが、「新型コロナ救命治療最前線同盟」（FLCCC）という米国の医師団体会長であるピエール・コリー氏らによる「COVID-19の予防と治療に対するイベルメクチンの有効性を示す浮かび上がる証拠の概観」である(256)。この総説論文は、世界各国でおこなわれた一八のイベルメクチンの新型コロナに対するランダム化された治験をメタ分析しており、大村氏は次のようにまとめている。即ちイベルメクチンは新型コロナウイルスの複製を阻害すること、（新型コロナの主症状である）炎症を和らげること、暴露前・暴露後に新型コロナウイルスの伝播を防ぐこと、患者の回復を早め入院の必要性と死亡率を下げること、インドの一部やアフリカの一部など、広く使われている地域では感染者が少なく致死率が著しく低いこと、などである(257)。伝播を防ぐとは、他者への感染拡大抑止にも役立つという意味である(258)。しかも単に経験的に、イベルメクチンは新型コロナ感染症に効果があるだろう、と主張されているだけでは当然ない。つまりこの薬が、新型コロナが細胞にとりつくのに使うスパイクタンパク質の結合を阻害し、細胞内でのウイルスの増殖を抑制する構造（作用機序）も解明されている(259)。

【注】

(256) Kory, P. et al., 'Review of the Emerging Evidence Demonstrating the Efficacy of Ivermectin in the Prophylaxis and Treatment of COVID-19', in: *American Journal of Therapeutics* 28, e299?e318（2021）. https://www.ncbi.nlm.nih.gov/pmc/articles/PMC8088823/
日本語で読める総説論文としては、八木澤守正他「イベルメクチンの COVID-19 に対する臨床試験の世界的動向」*THE JAPANESE JOURNAL OF ANTIBIOTICS*, 二〇二一年五月、がある。
https://kitasato-infection-control.info/swfu/d/ivermectin_20210330_j.pdf

(257) 大村智編、前掲書、四二～四三頁（大村智執筆担当分）。

(258) コロナ感染予防については、次を参照。I-PREVENT, A Guide to the Prevention of COVID-19.
https://covid19criticalcare.com/treatment-protocols/i-prevent-protect/

(259) 大村智編、前掲書、二〇三～二〇六頁（花木秀明執筆担当分）。

学会誌でも不可解な排除措置

動画の排除措置にはすでに触れたが、さらなる異常な問題が学会や医療専門機関、製薬会社においても起こっていることは特筆に値する。まず上述のコリー博士らの論文は、当初『フロンティアーズ・イン・ファーマコロジー』という専門誌に投稿され査読手続きが完了していた。にもかかわらず、不可解な〝利益相反〟疑惑をかけられて掲載を見送られ、紆余曲折の末、上で言及した『アメリカン・ジャーナル・オブ・セラピューティクス』に載せられたという事実が報告されている(260)。知っておくべき事実は、そもそもイベルメクチンはすでに格安のジェネリックが作られていて、アフリカなどで大規模に配布されており、大規模な利益につなげることは困難、ということだ。日本では通信販売で購入できるが、二〇二三年一月一七日現在、値上がり傾向にあるものの、一二ミリ入りが、一四四錠購入の場合、一錠当たり二二五円という低価格にとどまっている(261)。

【注】
(260) 大村智編、前掲書、一四二〜一四三頁（八木澤守正執筆担当分）
(261)「お薬通販部」: https://okusuritsuhan.shop/item-detail.php?pid=1062

製造元メルク社を含む巨大組織群によるイベルメクチン包囲網：ハイデガーのGe-stell論から読み解く

製薬業界に関しては、イベルメクチンの製造元であるメルク社が、二〇二一年二月四日付で、この薬品を新型コロナの治療に使うことへの反対声明を出している(262)。有効であるという科学的根拠はなく、安全性も保証されていないため、とのことだ。これに対して

ＦＬＣＣは直ちに反論し、自分たちが集めた科学的根拠を挙げている(263)。安全性については八木澤守正・慶応大学薬学部元教授が、メルク社自身が三〇年間もイベルメクチンを配布し続け重篤な有害事象が少なかったことを公表しているのに、なぜ新型コロナウイルスへの使用に限って安全性を懸念するのか、という疑問を呈している(264)。先にイベルメクチン推進派の人々が、理不尽な〝利益相反〟疑惑を非難されたことに触れた。そういった疑惑を巡っては、逆にメルク社こそ、自社の新型コロナ治療薬モルヌピラビルを販売する上で安価なイベルメクチンが邪魔になっているのでは、といった指摘は重要だ(265)。

イベルメクチンに対する包囲網に加わるのは、メルクだけではない。世界保健機関（ＷＨＯ）、欧州医薬品庁（ＥＭＡ）、米食品医薬品局（ＦＤＡ）、米国医師会（ＡＭＡ）、米国感染症学会（ＩＳＤＡ）など、主流の組織はほとんど悉く、新型コロナへのイベルメクチン適用に反対の立場を取ってきた(266)。これら機関の「虚偽情報キャンペーン」に対して、ＦＬＣＣは二〇二一年五月一二日に、力の入った長大な抗議声明を出している(267)。八木澤氏のまとめに従うと、科学的データに基づいて決定されるべき事柄が、巨大なワクチン・医薬品市場を見込む巨大製薬会社が多額資金を投じて主導する「巨大科学」、多数の研究者を動員しておこなう「巨大試験」、「巨大国際機関」、「巨大学会」、「巨大メディア」の結託による非科学的でむしろ政治経済優先の虚偽情報に基づいて決まっていくことへの警鐘が鳴らされている(268)。メディアに関しては、本書でも論じてきたネット上の情報操作が、特に問題視されている。

医・薬・学・政・官・国際機関・メディア等からなるこの集合体は、マルティン・ハイデガーが、現代技術の本質として名指したGe-stell（「総駆り立て体制」「巨大収奪機構」等と訳される）の一つの表れとして、見ることができるのではないか(269)。よく知られているように、ハイデガーは、その後期思想において、同時代に急速に発展していた核兵器や原発を自らの思索の対象とした哲学者である。なおハイデガーの言うGe-stellはあくまで技術の本質であり、国家や国際機関による権力構造やメディアによる情報伝達まで含めるのは、私自身による拡大解釈が入っている。ただしGe-stellという概念に含まれる巨大性、集合性のニュアンスは、マスコミとも呼ばれる巨大メディアにも適う側面があると考えられるし、ＳＮＳなどの最新メディアは先端技術の結晶でもあるともいえる。

なお強硬なイベルメクチン反対の傾向と猛烈なｍＲＮＡワクチン推進の傾向は表裏一体と考えられるので(270)、ここでの議論は、本章全体に適用できる可能性を明記しておきたい。いずれも厳密な因果関係は立証されていないとはいえ、これまで見てきたように、大量接種すると、直後に感染拡大と大きな死者数の発生が繰り返されてきたｍＲＮＡワクチンと、住民が大規模に服用すると、コロナ感染が終息する傾向が経験的に知られているイベルメクチンも、合わせ鏡の関係にあるといえる。

【注】

(262) Merck Statement on Ivermectin use During the COVID-19 Pandemic.https://www.merck.com/news/merck-statement-on-ivermectin-use-during-the-covid-19-pandemic/

(263) https://covid19criticalcare.com/flccc-alliance-response-to-mercks-public-statements-on-efficacy-of-ivermectin-in-covid-19/

(264) 大村智編、前掲書、一五四〜一五七頁。

(265) ニック・コービシュリー「ニューヨーク・タイムズのベストセラー作家の嘆き。『今の世界でイベルメクチンほどの大ニュースを知らない。なぜそれが記事にならないのか？』」『寺島メソッド翻訳ＮＥＷＳ』二〇二一年六月一五日。http://tmmethod.blog.fc2.com/blog-entry-586.html

(266) 大村智編、前掲書、一五四頁（八木澤守正担当分）のまとめによる。

(267) FLCCC Alliance Statement on the Irregular Actions of Public Health Agencies and the Widespread Disinformation Campaign Against Ivermectin.2021/5/12　https://covid19criticalcare.com/videos-and-press/flccc-releases/flccc-alliance-statement-on-the-irregular-actions-of-public-health-agencies-and-the-widespread-disinformation-campaign-against-ivermectin/

(268) 大村智編、前掲書、一四六頁。

(269) 「総駆り立て体制」という訳語を使うのは、森一郎編訳『技術とは何だろうか』講談社学術文庫、二〇一九年。「巨大収奪機構」という訳語を採用するのは、渡邊二郎訳『「ヒューマニズム」について』筑摩書房、一九九七年、二八九頁。ハイデガー自身の難解な表現は、次のようになっている。「Ge-stellとは、人間をして、現実的なものを、用立てる（Bestellen）という仕方で、在庫品（Bestand）として露呈させるように駆り立てて挑発するような、駆り立てることの結集である」。Heidegger,M., *Vorträge und Aufsätze*,Gesamtausgabe Band 7,Klostermann,2000,S.21. 関口浩訳『技術への問い』平凡社、二〇一三年、三六頁（この訳書は「集-立」という訳語を採用している）。

(270) イベルメクチンを執拗に叩く医師が、mRNAワクチンを手放しで称賛する傾向については、鳥集徹『コロナワクチン失敗の本質』（宮沢孝幸氏との共著）宝島社、二〇二二年、九八頁を参照。

新聞社系のウェブメディアや週刊誌などではイベルメクチン肯定報道も〝許容範囲〟？

メディア報道の具体例としては、寺島隆吉氏も指摘するように、朝日新聞社はウェブメディア『論座』や、『ＡＥＲＡ』ウェブ版では、インド等でのイベルメクチンの新型コロナ治療における効果を認める外部筆者の記事を複数載せている。にもかかわらず、圧倒的に読者数の多い新聞においては、「感染爆発中のインド　日常戻る　明確な要因不明、などお警戒感」という見出しを打ち、『論座』の記事など知らないかのように、「厳しいロックダウン」が原因か、などと推測していた（二〇二一年九月一九日付朝刊）(271)。こうしたウェブメディアと新聞における本音と建前の使い分けのような態度は興味深い。この傾向は、本書第1章で見たウクライナ危機における実践とも共通しており、同社内の葛藤が推察される。毎日新聞社の『サンデー毎日』が二週連続で掲載したイベルメクチン特集も、同様の使い分けなのかもしれない(272)。

【注】

(271) 寺島隆吉『コロナ騒ぎ　謎解き物語2』あすなろ社、二〇二一年、第3章。『論座』の記事は黒川清「大村博士発見のイベルメクチンにコロナパンデミックを終息させる可能性　世界各地から『効果あり』の報告、日本はもっと積極的に取り組むべき」二〇二一年二月一五日。https://webronza.asahi.com/authors/2021020700002.html

ＡＥＲＡの記事は、「日本発『イベルメクチン』インドがコロナ治療で感染者数減もＷＨＯ『反対』のナゼ」二〇二一年五月二六日。https://dot.asahi.com/dot/2021052600033.html?page=1

(272)「コロナ患者への治験開始へ大村智博士が激白四五分」二〇二一年七月二五日付、二四～二七頁。「やっぱりイベルメクチンはコロナに有効だ！」二〇二一年八月一日付、二六～二九頁。

エビデンスの恣意性を疑う必要も

イベルメクチン自体の問題に戻ると、特にＷＨＯが一部データの恣意的な除外や、少数の委員のみでイベルメクチン排除を決めたことが、ＦＬＣＣＣにより批判されている(273)。私がすでに挙げたＦＬＣＣＣの抗議声明を読んで特に注目したのは、上述の「巨大試験」と「巨大科学」に関わるが、〝Big RCT Fundamentalism〟という概念だ。ＲＣＴとは、randomized controlled trialの略で、「ランダム化比較試験」と訳される。「ある試験的操作（介入・治療など）をおこなうこと以外は公平になるように、対象の集団（特定の疾患患者など）を無作為に複数の群（介入群と対照群や、通常＋新治療をおこなう群と通常の治療のみの群など）に分け、その試験的操作の影響・効果を測定し、明らかにするための比較研究」と定義されている(274)。ＲＣＴ自体は、厳密な証拠に基づく医学（ＥＢＭ）を実践する上で、重要な方法だ。だが、北米や欧州のような〝先進地域〟で一般におこなわれ、巨大製薬会社しかおこなえない規模の治験や、巨大学会誌により支援される医学しか「十分な証拠」や「証明された有効性」を持たない、と決めつけられることが問題だとされる。八木澤氏は、米ＦＤＡによる一〇〇〇症例を超えない治験はエビデンスでないとみなす方針を紹介し、これを質より量になっている、と批判している(275)。イベルメクチンは既述の通り大きな利益が見込めないので、スポンサーがつかず、医師・病院主導でおこなわれる治験は、企業主導型治験に比べて、小規模なものにならざるをえない。主流の巨大組織が結託して、一つの治験につき一〇〇〇症例といった高い基準を設ければ、いわば草の根の実践的医療現場から得られ、大きな利権に結び付き得ない治験を、端的に「非科学的」として排除できる、という暴力的な側面があることを、忘れるべきではない(276)。

だが、イベルメクチン使用に反対する巨大製薬会社（及びそれらに支援を受けるＷＨＯなど）は、逆に利益相反が疑われている。寺島隆吉氏がいみじくも指摘するように、ｍＲＮＡワクチンであるファイザー製ワクチンとモデルナ製ワクチンは、米国で「緊急使用許可」（ＥＵＡ）を受けているにすぎない(277)。日本の「特例承認」も事実上、米国のＥＵ

Aに依存する側面があるという見方もできるだろう。そのEUAの条件として、他により安全で有力な治療手段がない限り、というものがあることは重要だ(278)。つまり米国でイベルメクチンが正式に承認されてしまうと、mRNAワクチンのEUAが取り消されてしまう恐れがあり、それ故の強い反対傾向ではないか、と寺島氏は推察している(279)。格安のイベルメクチンとは対照的に、日本では国費負担になっているため見えにくいが、ワクチンおよび巨大製薬会社が製造した治療薬は比較的高価である。その負担は、長期的には大規模な増税という形で国民にはねかえってくるであろうことを、決して忘れてはならない(280)。

巨大な利権とは縁がなく、より現場に近い見方が、「厳密なエビデンス（因果関係の立証）がない」の一言の下、恣意的に切り捨てられ、あまつさえ「陰謀論者」呼ばわりすらされる構図。この構図は、本章第6節で見たように、ワクチンの接種後死亡者を検視して、副反応が原因だと報告した医師の意見が、当局の書類審査のみで悉く覆された問題と、同型であるように考えられる。

コロナ対策を、ワクチンおよびそれと同系列の巨大製薬会社が提供する治療薬でおこなうか、それともイベルメクチンでおこなうかは本来国策を左右するものであり、国政選挙の中心的争点になりうるものだったと私は考える。にもかかわらず、主要メディアは、専門家の間で激しい対立が存在することを、必ずしも積極的に伝えなかったと思われる。それにより、あたかもワクチン接種が唯一の選択肢であるかのように見える、半ポスト真実的状況を出現させたのではないか。そうした報道状況もあってか、二〇二一年衆院選でも二二年参院選でも、ワクチンかイベルメクチンか、といった選択はほとんど争点にならなかったといえるだろう(281)。

【注】

(273) 特にWHOにおけるイベルメクチンに対する不可解な排除措置を詳しく説明した推進派医師による動画として、以下を参照「【日本語字幕】元WHOコンサルタントがイベルメクチンの削除の謎を暴露」。https://rumble.com/vyozf8-former-w.h.o.-consultant-exposes-takedown-of-ivermectin.html

(274)「日本理学療法学会連合」による定義である。https://www.jspt.or.jp/ebpt_glossary/rct.html

(275) 大村智編、前掲書、一六三頁。

(276) 企業主導型治験と医師主導型治験の対比は、大村智編、前掲書、九九～一〇〇頁（大村智他担当分）から学んだ。

(277) 寺島隆吉『コロナ騒ぎ　謎解き物語』あすなろ社、二〇二一年、七頁。https://www.fda.gov/emergency-preparedness-and-response/coronavirus-disease-2019-covid-19/covid-19-vaccines

(278) FDA:Emergency Use Authorization for Vaccines Explained,2020/11/20. https://www.fda.gov/vaccines-blood-biologics/vaccines/emergency-use-authorization-vaccines-explained

(279) 寺島隆吉『コロナ騒ぎ　謎解き物語2』あすなろ社、二〇二一年、九一頁。

(280) 二〇二二年四月一三日の財務省資料によると、この時点のワクチン確保費用だけで二・四兆円、治療薬購入に一・五兆円が計上されている。接種体制の確保、この後におこなわれた追加接種用のワクチン確保の費用が加わることは言うまでもない。

https://www.mof.go.jp/about_mof/councils/fiscal_system_council/sub-of_fiscal_system/proceedings/material/zaiseia20220413/01.pdf

(281) わずかにれいわ新選組が、二〇二一年衆院選マニフェストにおいて、目立たないながらも、ワクチンが変異株をつくりだす危険性を正当にも指摘し、国家によるイベルメクチンの検証と早期導入を訴えていたくらいである。https://reiwa-shinsengumi.com/wp-content/uploads/2021/10/reiwa_newdeal-manifesto2021.pdf

他には、二二年参院選で一議席を得た新興政党である参政党が、二〇二一年五月一〇日の情報発信で、「遺伝子型ワクチン」について、「そのリスクの科学的な評価に基づいて、現行の接種推進策を根本から見直す」と唱えていたことも例外であろう。https://www.sanseito.jp/news/4376/

イベルメクチン対ｍＲＮＡワクチン、イベルメクチン対他の治療薬の比較治験により決着をつけるという提案

当然だが私自身、是が非でもイベルメクチンの有効性を信奉したいわけではなく、科学的に真相を知りたいと切望するものである。興亜による治験に対し、現場の医師から異議が唱えられたことには、すでに言及した。この文脈で、規制当局・医学界との癒着や、利益至上主義など、米国の製薬業界の深刻な腐敗を赤裸々に描き出した『ニューイングラン

ド医学誌』元編集長のマーシャ・エンジェル氏による古典である『ビッグ・ファーマ　製薬会社の真実』（栗原千絵子・斉尾武郎訳、篠原出版新社、二〇〇五年）を思い出しておきたい。その著者が、新薬の効果を疑似薬と比較するという一般的治験方法への疑義を唱えていることが、参考になると思われる。効果のない疑似薬ではなく、既存の治療薬と新薬との比較をすべきだという著者の提案が、注目に値する（同書二九九頁以下）。具体的には、コロナ予防についてはイベルメクチンとｍＲＮＡワクチン、コロナ治療については、イベルメクチンとメルク社のモルヌピラビル、ファイザー社のパキロビッドパックなどの治療薬との比較治験を、おこなうに値するのではないか。古くから存在し、コロナ禍の初期から一部の国々で服用されてきたイベルメクチンは、ワクチンや新規の治療薬に対して、既存薬という側面があるからだ。慎重を期して、イベルメクチン派とワクチン派・新しい治療薬派の双方が納得し、不正が起こらないような治験の監視体制を確保することも、必要になるだろう。後者の人々は、イベルメクチンはコロナ予防に無効だと主張しているわけだから、挑戦を受けて立たない理由は本来ないはずだ。それに対して、大きな効果を報告してきたイベルメクチン派としても、望むところであろう。

一方の情報だけを見て判断しないことが重要

いずれにせよ、弱毒化傾向にあるオミクロン株の蔓延下では、治療薬としては、イベルメクチンの必要性も相対的に下がっているのかもしれない。だが、イベルメクチンにはコロナ治療、感染予防の他、コロナ後遺症およびワクチン後遺症への有効性もあると医師団体ＦＬＣＣＣによって主張されていることもあり、日本では大多数が知らないところで白熱した論争を振り返った次第である（ＦＬＣＣＣホームページのＴＲＥＡＴＭＥＮＴ　ＰＲＯＴＯＣＯＬＳで、最新の治療方針が入手できる）。イベルメクチンの有効性については、否定的情報ばかりが出回りがちな主要メディアの情報を鵜呑みにせず、推進派の医師や研究者の言い分も聞いた上で、各自で判断する必要があると私は考えている。

第3章

ウクライナ危機、コロナ禍・ワクチン危機、福島第一原発事故の比較

第1節 メディアの危機、民主主義への悪影響、情報戦という共通点

二つの危機はメディアの危機でもある

これまでの論述では、ウクライナ危機およびコロナ禍・ワクチン危機について、主要メディアではほとんど、または矮小化された形でしか報道されなかった問題を取り上げた。そうすることにより、半ポスト真実という概念の下、本書で論じてきた両方の危機が、同時にメディアの危機でもあることを、明らかにすることを試みた。実際に主要メディアによっておこなわれた報道により、どれだけ世論が誘導されたかを、量的に示すことは容易ではない。けれども、やはり相当な影響があり、その結果、日本の外交方針や、国民の健康やインフォームドコンセントの権利が損なわれるところがあった、と私は考えている。

特にワクチンについては、便益とリスクの比較による判断が重要だ、とはよく言われるところだ。だが本書で注目してきたリスクに関わる事実がほとんど、または消極的にしか報道されず、感染予防といった便益の方も怪しいという有力な見方が隠蔽されるならば、健全な知性を持つ人であっても、合理的な判断をしようがないのではないか。

主要メディアが形成する疑似環境が、人々の現実認識を阻害する側面

ウクライナ危機の背後で蠢き、莫大な利益を計上したのが軍産複合体であるのは、明らかだろう。それに対して、コロナ危機及びワクチンの販売で莫大な利益を計上したのは、とりわけ「医産複合体」であろう(282)。根深い問題であると思われるのは、後者の複合体は、前者に比べてはるかに認識しにくく、抵抗し難い〝悪〟であることだ。人を殺す戦争に比べると、医療は大抵、人を救う善として現れがちである。例えば、前者を盛んに批判してきた左派勢力や進歩的知識人の方々がいる。このような方々すら、善意で、かつ知らないうちに、事実上、〝最先端科学〟の旗印や、普遍性を標榜するＷＨＯなどの国際機関の〝お墨付き〟を掲げる医産複合体の味方になってしまう趨勢が見受けられることは、事態の根深さを物語っているといえよう(283)。本書では多くの情報操作やほとんど報道されなかった不都合な事実や疑惑の実例を挙げてきた。内外の巨大メディア群は、とりわけワクチンの問題に関しては、自分たちの見立てにとって有利な情報のみを流し続けることで、幻影や幻想の膜のようなものをつくりだし、巨大な複合権力による収奪や総動員に、無意識のうちに加担している可能性があるのではないか(284)。巨大メディア群は、ハリウッド映画『マトリックス』シリーズに登場する、人々を現実から切り離して眠らせ、心地よい

夢を見させる装置の役割を果たしているのではないか、と問うべきであろう。こうした文脈では、二〇世紀米国を代表するジャーナリズム理論家、ウォルター・リップマンの古典的メディア論・民主主義論『世論』も参考になる。即ち、まさに「中間物・媒体」(medium)たる巨大メディア群が、現実と人々の間に入って、「mRNAワクチンはコロナに対して極めて有効であり、副反応はあったとしても大したことはない」と信じられている「疑似環境」(pseudo-environment)をつくりだし、彼ら・彼女らの適切な現実認識を阻害している恐れがある(285)。こうした疑似環境が醸し出す権威は強力なものであり、それに対する異論を真っ向から唱える人は、どれだけ客観的な根拠を持っていても、まるでパラレルワールドから来た人、もしくは異常者のように見えるのであろう。

もちろん、主要メディアが強い分野もあるだろうから、そもそもその報道を一切見るべきではない、といった極端な主張をするつもりはない。例えば(一部に冤罪報道はあったが)事件・事故、政局・選挙、憲法・平和、格差・貧困といった昔ながらの問題などは、比較的得意な分野であるように思われる。だが本書で、その裏側も含めて詳細に論じてきた二つの複雑怪奇な危機のように、あまり得意でないと判断せざるを得ない分野も存在することを、知っておく必要はあるだろう。

【注】

(282) 軍産複合体の実例として、戦時下の二〇二二年九月末に、八年間の内戦と今回の戦争をいわば巨大な商機として、キーウ／キエフにおいて開催されたという国際武器見本市 Arms and Securities の情報を見てほしい。https://www.iec-expo.com.ua/en/orujieen-2022/ofzben-2022.html

「医産複合体」という言葉については、以下の文献を参照。大橋眞・細川博司『ＰＣＲとコロナと刷り込み』ヒカルランド、二〇二一年、二〇四頁。

(283) 伝統ある左派政党である日本共産党が、少なくとも三回目までは、ｍＲＮＡワクチン接種推進と、本章第２節で見たような根本的不確実性を抱えるＰＣＲ検査の拡充を求めてきたことは、以下の資料から見てとれる。

二〇二二参議院選挙政策：https://www.jcp.or.jp/web_policy/2022/06/202207-bunya01.html

「これまでの新型コロナウィルス対策」：https://www.jcp.or.jp/web_info/post-19.html

ただしこれらの資料からは、同党がワクチン副反応救済には積極的であることもわかる。また、寺島隆吉氏は、首都圏大学非常勤講師組合が、教職員などの正規・非正規の区別ないワクチン接種を求める署名運動をおこなった事実を紹介している。寺島氏は「悪への道は善意のバラで敷きつめられている」と嘆いており、この呼び掛けに加わった多くの進歩的知識人も、当時は無批判にｍＲＮＡワクチン接種推進運動に関わってきたことが窺える（『コロナ騒ぎ　謎解き物語３』あすなろ社、二〇二二年、八九〜一〇四頁）。左派陣営の長老の一人であるノーム・チョムスキー氏が、ワクチン非接種者の社会からの排除を求めたという次のニュースも衝撃的である。

Noam Chomsky: Unvaccinated should 'remove themselves from the community,' access to food 'their problem', 2021/10/27.

https://news.yahoo.com/noam-chomsky-unvaccinated-remove-themselves-171900487.html

(284)「幻影」に関する部分は、「櫻井ジャーナル」の序文に影響を受けている。なお櫻井氏が「幻影の呪縛を解く唯一の手段は事実です」と論じていることにも、注目しておきたい。

https://plaza.rakuten.co.jp/condor33/

(285) W・リップマン、掛川トミ子訳『世論（上）』岩波書店、一九八七年、二九、四五頁。Lippman, W. , *Public Opinion*, Harcourt, 1922, pp. 15, 28.

官僚や大企業の不祥事を主要メディアが十分に報道しないことが、民主主義の衰退を招く

厚労省のコロナワクチンデータの問題や、ファイザーの有害事象リスト問題において特に顕著に表れたが、官僚や政治家、または巨大企業が隠蔽や改ざん、不当な情報操作をおこなうことは、民主主義体制下においても、想定内である。本当に憂慮すべきであるのは、そうした不正を追及し、広く周知して全国民に判断材料を提示する使命を担うはずの主要メディアが、本書で扱ったような重大な出来事の取材や追及に対して、消極的だったことではないか。主要野党についても、ワクチン後遺症議員連盟に加入する一部個人の果敢な活動を除けば、同様に反応が鈍かったといわざるをえない。こういった重大な事案に対する反応の鈍さは、人々に対して重要な判断材料となる情報が結果的に与えられなかったことになり、自己決定や軌道修正の可能性を奪っていることを意味するだろう。そして政策選択の次元では、民主主義そのものの機能不全を招来したのではないか(286)。各自の判断

の根拠となる適切な情報流通なくして、主権在民も自己決定も、無意味な画餅にすぎないといえよう。

ハイデガーやアーレントを中心とする技術論に詳しく、「現代における哲学の可能性」を探究する森一郎氏は、三・一一の津波や原発事故との関連で、「哲学は戦慄から始まる」と述べた(287)。遺伝子操作ワクチンによる災禍、いわば身体の内側からの脅威も、原発事故や、米軍基地を抱える日本も巻き込まれかねない核戦争並みの戦慄の理由であろう。遺伝子操作技術は、原発と同じく、「一度入ったあらゆる道を最後まで辿るという科学の本質」、つまり技術的に可能なことは何でもやってしまい歯止めを掛け難い、というアーレントの認識の趣旨が見事に当てはまるものだと思われる(288)。けれども私にとっては、これらの問題の深刻さが、主要メディアによりほぼ放置され続け、なかなか広く知られなかったこともまた、その問題自体に劣らず深い戦慄をもたらす社会への脅威として感じられた(289)。

私はメディア業界の人々の力量や善意を疑うつもりはない。けれども、こうした消極的報道姿勢は、「最大の悲劇は悪人の圧制や残酷さではなく、善人の沈黙である」というキング牧師の言葉を思い起こさせるものではないか。

【注】

(286) この段落の趣旨は、一部で「民主主義の教科書」とも称され、本書執筆中に映画版の第四シリーズが公開された長編SF小説の台詞に示唆を受けている。「政治の腐敗とは、政治家が賄賂をとることじゃない。それは個人の腐敗であるにすぎない。政治家が賄賂をとってもそれを批判することができない状態を、政治の腐敗というんだ」。田中芳樹『銀河英雄伝説2野望編』東京創元社、二〇〇七年、二七二頁。

(287) 森一郎『現代の危機と哲学』放送大学教育振興会、二〇一八年、第1章。

(288) Arendt, H., *Vita Activa*, Piper, 1981, S. 10. 邦訳は森一郎訳『活動的生』みすず書房、二〇一五年、五頁。森氏は、この箇所の前にある「我々の新しい学問的認識と、我々の途方もない技術的能力を、この方向で作動させることを望むかどうか、ということだけが問題である」という箇所に注目し、「この方向」に、人工知能やクローン人間に加えて、「遺伝子操作」を挙げている（『現代の危機と哲学』二五四～二五五頁）。本文のアーレントからの引用に続く「いずれにせよ、この問いは、第一級の政治的問いであり、既にこの理由から、専門家、職業的科学者、職業的政治家の決断に委ねられて良いということはない」という言葉も、非専門家による主体的判断を重視する本書の姿勢にとって、示唆的である。

(289) 「mRNAワクチンを打って抗体をつくるというプロセスは、遺伝子治療と同じ」という遺伝子治療を専門とする小島勢二医師の見方を参照（「効かないワクチンと政府の隠蔽」『The Liberty』幸福の科学出版、二〇二二年一〇月号、三六～四三頁）。この雑誌は新興宗教系だが、ウクライナ問題でも引用したカトリックのビガノ大司教によるコロナワクチンへの反対意見として、次を参照。「ビガノ大司教のCovid-19ワクチンに関する公開書簡」『寺島メソッド翻訳NEWS』二〇二一年一一月二〇日。

http://tmmethod.blog.fc2.com/blog-entry-711.html

また、櫻井春彦氏が証拠の動画付きで指摘しているように、「ドイツの巨大化学会社バイエルの重役、ステファン・ウールレヒは二〇二一年一〇月、『WHS（世界健康サミット）』で『mRNAワクチン』は遺伝子治療だと認めたのだ。その事実を知ったなら九五％の人は反対するので『ワクチン』というタグをつけたということを明らかにしているのである」。『櫻井ジャーナル』「COVID-19ワクチンという遺伝子治療による深刻な副作用が増え続けている」二〇二二年六月一一日。https://plaza.rakuten.co.jp/condor33/diary/202206110001/
https://rumble.com/v17a7jb-bayer-exec-stefan-oelrich-says-the-quiet-part-out-loud.html

主要メディアがつくるステレオタイプによる「公衆の蝕」と「命に関わる半ポスト真実」

ただし私は、多数の複雑な問題が存在する現代社会において、「政策を形成し、その諸結果を判断する能力を持ち、政治的行動を要求するあらゆる状況において何が彼自身の善であるかを知る能力を持」つと仮定される「全能の個人」または「幻の公衆」(the phantom public、ウォルター・リップマン)を空しく追い求めているわけではない[290]。そうした万能の個人がほとんど存在しえないことは、ほぼ一〇〇年前におこなわれたジョン・デューイとリップマンの古典的論争においてすでに自明であった。

だが例えば、ｍＲＮＡワクチンの「有効性九五％」という目立つ記事のなかに、両論併記的に、本書第２章第３節で解説したような別の専門家による根本的疑義が載っていたと仮定しよう。そうすると、それを読んだ平均的判断力を持つ市民の一部が、接種に対して慎重な態度をとり、少なくともとりあえず様子見をする、という可能性は十分ありうることだっただろう。そうだとすれば、現状のように国民の八割以上が二回接種済み・七割近くが三回接種済みという状態に追い込まれることは、あっただろうか。その後発覚した、コロナワクチンの接種後死亡率がインフルエンザワクチンに比べて約一〇〇倍である問題や、ファイザーの一二九一種類の副反応可能性リストがもっと広く周知されていたら、追加接種に向けて、有益な判断材料になったのではないか。

リップマンの有名な「ステレオタイプ」の概念は、「見てから定義しないで、定義してから見る」ことや、「秩序正しい、ともかく矛盾のない世界像」をつくりあげることと結び付けられている(291)。それに加えて「ある考え方へ事実を常に投げ入れること」もステレオタイプの本質だ、とも論じている(292)。こうした見方を踏まえると、主要メディアはまさに「コロナは（オミクロン株も含めて）とにかく恐ろしい病気であり、ｍＲＮＡワクチンはコロナに非常に有効であって、極めて稀な副反応を恐れる必要はない。接種後死亡は悉く『評価不能』であるにすぎない」というステレオタイプ的な世界観をつくりだし、人々の主体的判断を歪めた側面があるのではないか。これは人々の命に関わる重大な半ポスト真実といっていいだろう。ウクライナ危機については、「ロシアは帝国主義的で純然たる侵略者であり、ウクライナは自由と民主主義を守るために戦っている」といった見方もステレオタイプであろう。複雑化した「非人格的で機械的な大社会」が、公衆の母体となり、「共有経験を軸として成立する大共同社会」に成熟するために、マスコミの役割が決定的だと論じるデューイ研究者による指摘が重く響く(293)。

「公衆の没落」などと訳されるデューイ『公衆とその諸問題』第４章の題目はThe Eclipse of the Publicだが、逐語訳だと「公衆の蝕」になるだろう(294)。つまり決して万能ではなくても、本書で扱ってきたような多様な情報を理解して、最低限の判断力を発揮できる力量を潜在的には持ち得る公衆の存在が、想定される。そうした公衆を、日蝕のように覆い隠して出現を妨げたのは、主要メディアによる偏った情報提供だったのではないか。

【注】

(290) ジョン・デューイ、阿部齊訳『公衆とその諸問題』筑摩書房、二〇一四年、一九七頁。万能な市民という理論の放棄を求めたウォルター・リップマンの『世論（下）』（掛川トミ子訳、岩波書店、一九八七年、二二一頁）と同じ著者の『幻の公衆』（河崎吉紀訳、柏書房、二〇〇七年）も参照。

(291) リップマン、掛川トミ子訳『世論（上）』岩波書店、一九八七年、一一一、一三〇頁。

(292) リップマン、河崎吉紀訳『幻の公衆』柏書房、一一七頁。

(293) 阿部齊「訳者あとがき」デューイ・前掲書所収、二八一頁。「『大社会』が『大共同社会』に転換されるまでは、『公衆』は失われたままにとどまるであろう。コミュニケーションだけが大共同社会を創り出す」同書、一七七～一七八頁。

(294) Dewey, J., *The Public and its problems*, Gateway Books, 1946, p. 110. 本書で依拠している阿部訳も「公衆の没落」としている。デューイ、前掲書、一三九頁。「公衆の蝕」という訳語を採用する文献としては、例えば松野安男「デューイとその時代―4―公衆の蝕とデューイの知性主義」(『東洋大学文学部紀要』東洋大学文学部教育学科・教職課程研究室編(二〇)、一九九四年、一九一～二〇三頁)が挙げられる。私には、本来存在するはずのものが隠されて欠けているように見えることを意味する「蝕」の方が、デューイの精神に忠実であると思われる。彼は「民主主義の病弊に対する療法はより多くの民主主義なのである」(デューイ、前掲書、一八三頁)といった前向きな言葉で知られる人物だからだ。

情報戦という共通点

両方の危機を詳しく吟味して私が改めて気付かされたのは、コロナ禍・ワクチン危機についても戦争の比喩が使われたことだ。ウイルスに対してフランスや中国の政治指導者らが、これは戦争だと宣言したことは、よく知られている(295)。より驚くべきは、本書でも度々引用した免疫学者の荒川央氏が、ワクチン問題について、「今は戦時中のようなもの」「テレビ、新聞を中心としたメインストリームメディアも情報戦の主戦場となり得ます」「大手メディアでは報道管制が敷かれており、非常に偏った情報のみが発信されています」と切実に証言していることだ。しかもこの「新しい戦争」に使われた「銃弾」は「ワクチン」だったという。ｍＲＮＡワクチンが大量生成を促し、さまざまな身体器官を攻撃する場合があると分析されているスパイクタンパクが、その銃弾だったとみることもできるかもしれないが。さらには自身の著書およびその基になったブログ執筆は、「一人で静かに始めた戦争」だったと振り返っている(296)。情報戦の比喩は刺激的だが、本書で見てきたような偏向した情報発信と、学問的根拠をもってワクチンに対する慎重意見を唱える人にまで、悪意をもった猛攻撃や、あからさまな排除措置が実施されたことに鑑みると、決して誇張ではあるまい。

【注】
(295)『朝日新聞』二〇二〇年五月六日付「社説　対コロナ　『戦争』の例えは適切か」。
(296)荒川央『コロナワクチンが危険な理由』花伝社、二〇二二年、二二一～二二二、二二六頁。

第2節　一九七〇年代のワクチン禍と二〇二〇年代のワクチン禍の共通点と相違

私を強く慄かせた理由は、他にもある。一九七〇年代のワクチン禍について、被害者児童の親という当事者性の高い立場から、克明に報告した吉原賢二氏の七五年刊行の古典『私憤から公憤へ　社会問題としてのワクチン禍』（岩波書店）が告発した問題点の多くが、現状のワクチン禍においても、それほど変わっていないように見えることである。以下、箇条書きで列挙してみたい。

① 予防接種を推進していた医師や保健行政官が、接種事故の追跡調査をやりたがらないこと（三五頁）。
② 接種事故がタブー化される傾向（六一頁）。
③ 当時の「無過失予防接種事故」、現在の「ブレークスルー感染」といった不可解な概念が、当然のように使われたこと（六四頁）。
④ 厚生省の隠蔽体質、即ち持っている情報を公開したがらない、「由らしむべし、知らしむべからず」の精神（一一二、一二二、一八三頁）。
⑤ 相対的リスク減少のみを過剰に喧伝し、絶対的リスク減少には触れず、数字の「トリック」を利用する傾向（一二五〜一二七頁、本書第2章第3節参照）。
⑥ 実態調査より、書面審査が重視されがちであるという傾向（一四四頁）。
⑦ 当局が「ワクチン事故がまれだという信仰を持って衛生政策を実行して来た」こと（一一一頁）――信仰という言葉は、本書で重視してきた疑似宗教的信念の問題とも

関わりうるものだ。

こういった多くの共通項を吟味していくと、当時すでに、明治以来人権を軽視してきた「予防行政一〇〇年の黒い霧」（同書一五六頁）として名指しされていた問題が、一〇〇年から一五〇年にかけて、密かに生き延びていたのでは、という重大な疑惑すら浮かんでくる。

もちろん、新旧のワクチン禍には、違いも認められる。先にかつての「無過失予防接種事故」という概念に触れたが、これは「技術的には何の過失も認められず、認められるのは薬そのもののやむを得ない毒性と、患者の特異体質だけ」を意味する。薬害被害者にとっては「虚偽性」に満ちた言葉として受け止められたのだろうが(297)、ワクチンに毒性があることと、特定の接種対象者との相性の悪さ自体は、当局も認めていたことになる。けれども、現在のコロナワクチンの有害事象においては、特に添付文書に明記されていない多数の症状については、因果関係がほとんど認められない傾向がある。繰り返しになるが、実際になされている救済認定と、因果関係の認定は異なる。

さらにもう一つ目につく相違がある。すでに再三示したように、現状のメディアの副反応・後遺症・接種後死亡問題や遺族の訴えへの鈍い反応に比べて、かつての全国紙は、吉原氏らによる薬害訴訟の過程や、当事者や研究者による雑誌『ワクチン禍研究』創刊といった出来事を、大きく取り上げていたことだ。このことは、当事者たる吉原氏の著書から十全に読み取れるし、研究者である野口友康氏も「メディアの報道を契機に健康被害が表面化し、第一の市民運動が発生した」と指摘している(298)。それ故、メディアの取り組みに関しては、現在の方が五〇年前より後退してしまった恐れすらある、と懸念せざるを得ない。

【注】
(297) 吉原、前掲書、六四～六五頁。
(298) 野口友康『「犠牲のシステム」としての予防接種施策』明石書店、二〇二二年、一九九頁。

第3節 福島第一原発事故とコロナワクチン禍の比較

自然からの復讐(ネメシス)と人々の無関心による文明の災禍

ウクライナでこれまで起こってきたこと、即ち(二〇一四年以来の内戦も含め)多くの命が失われ、特に二二年二月のロシア軍侵攻以降は、原発を巡る危機も発生し、核兵器使用すら危ぶまれていることは、〝見える戦争〟、またはメディア報道を通して派手に〝演出された戦争〟であるといえよう。それに対して、「ワクチン」という美名の下でおこなわれた遺伝子操作薬の大量接種という未曽有の試みは、私たちの身体そのものを戦場とした〝見えない戦争〟または〝静かなる戦争〟だったといえるのではないか。荒川氏は今回のワクチンを巡る問題を、「史上最大の薬害スキャンダル」と形容している(299)。確かに、すでに日本国民の八割が当事者となっており、免疫抑制を含む莫大な副反応疑いや、一九〇〇〇人超の接種後死亡例が報告され、戦争なみの規模の超過死亡をもたらしている恐れに鑑みると、決して大袈裟な表現ではないと思われる。三・一一で原発安全神話に痛い目に遭わされたことに、我々のうちの多くは何も学ばず、今度は巨大製薬会社や国際機関、規制当局が流布させた「ワクチン安全神話」に無批判に便乗してしまったのではないか(300)。今回のような全国民を対象とする遺伝子操作による予防接種は、原発から漏れ出した放射線の影響に匹敵する人体への侵襲、生命への脅威でありうる、という可能性に警戒心が足りなかった、と反省する余地があると考えられる。

本書冒頭で触れた原子核と細胞核についての議論を引き合いに出せば、三・一一原発事故によって、原子核への介入というヒュブリス（高慢）について、自然からのネメシス（復讐）を受けた我々は、今度は細胞核（もしくは遺伝子）への介入というヒュブリスについて復讐されたのではないか[301]。我々は原発事故の時と同様、最先端科学技術のブラックボックスに対して、あまりに無関心過ぎたのかもしれない[302]。そもそも二〇一一年に発令された原子力緊急事態宣言は、実はいまだに解除されておらず、廃炉作業などを含めて現在も継続中の危機である。日本において、近年のワクチン接種推進と、原発の稼働期間延長・新増設の加速のタイミングが、一致していることも、両方の最先端技術の近しさの象徴であるようにも思われる。

本書第1章第2節で私は、ウクライナでの戦争が、世界中の人々のクーデターや内戦への無関心によって誘発された側面がある、と主張した。同様に、ワクチンを巡る危機もまた、私たちの無関心によって引き起こされた側面がある、と私は考える。私たち一人ひとりが、ウイルス以上に自らの健康を脅かす可能性があるこの未完成な新規技術の内実に関心を持ち、製薬会社や政府・規制当局に厳しい視線を向けていれば、今回のような問題の多いコロナ・ワクチン政策や、高い接種率が実現することがあっただろうか。

原発事故については、哲学者の故梅原猛が、「近代文明の悪をあぶりだした」「文明災」として規定したことはよく知られている[303]。私は今回の遺伝子操作ワクチン禍もまた、少なくとも潜在的には、ウクライナにおいて懸念されている原発事故や核戦争に匹敵しうる、文明の災禍かもしれないと考えている。原発事故が「第二の敗戦」であるとしたら、ワクチン禍は「第三の敗戦」であり、情報流通に注目すれば、それは「報道敗戦」とでも呼ぶべき事態ではないか。ここで本書のこれまでの議論を振り返りつつ、ワクチン禍と原発事故の共通点を箇条書きでまとめておきたい。

①　巨大資本が投下され、巨大組織により開発・推進される巨大技術であること（既述の Ge-stell ＝巨大収奪機構＝総駆り立て体制論を参照）。

②　高度に専門的で、「企業秘密」を建前とする秘密主義や「由らしむべし、知らしむべからず」の精神が横行し、ブラックボックス化しやすく、主流・多数の専門家への判断丸投げが誘発されがちであること[304]。

③　人間の遺伝子に影響を与えうること。

④　地震、感染症といった自然災害の後に発生した人災であること[305]。

⑤　推進機関と規制当局が極めて近く、統制が十分に効いていないこと（第2章第3節で言及した「とりこ」の問題）。

⑥　国策に近い見方を示す専門家らが、関連する産業界や行政組織とも一体になって大きな権力を行使し、異論を唱える専門家は排除される傾向があること（「原発ムラ」「感染症ムラ」の問題）。

⑦　大多数の人々の無関心が引き起こした人災という側面があること。

【注】

(299)荒川央、前掲書、二二六頁。

(300)原発事故とワクチン禍の比較については、寺島隆吉氏の次の認識に示唆を受けている。「原発報道の場合、『安全です、心配しないでください』」「ワクチン報道の場合、『安全です。だから安心して接種を受けてください』」（『コロナ騒ぎ　謎解き物語』あすなろ社、二〇二一年、五頁）。また、ワクチン安全神話という言葉については、「政府は因果関係を認めるハードルを異常に高く設定することで、ワクチン関連死を人為的に減らして問題を隠蔽し、〝ワクチン安全神話〟をつくり上げているのではないか」という指摘から学んだ（「効かないワクチンと政府の隠蔽」『The Liberty』幸福の科学出版、二〇二二年一〇月号、三六～四三頁）。

(301)ヒュブリスとネメシスの対比は、イヴァン・イリイチの古典的著作に学んでいる。「産業的ヒュブリスの一定の水準を超えると、ネメシスが必ず始まる。なぜなら、魔法使いの弟子のほうきのように、進歩はもはや止められないからだ」（Illich, I., *Medical Nemesis*, Pantheon Books, 1976, p. 265）。邦訳は金子嗣郎訳『脱病院化社会——医療の限界』晶文社、一九九八年、二〇九頁。なお私は遺伝子治療を全面的に否定するわけではない。本書で度々引用し、mRNAワクチンの危険性に多方面から警鐘を鳴らしてきた小島勢二医師は、名古屋小児がん基金理事長として、自ら遺伝子治療に取り組んでいる。命に関わる重病にかかっている人に遺伝子治療を慎重な仕方で施すことと、健康な人も含めた全国民に安全性が確証されていない遺伝子治療をおこなうことは、全く意味が異なるといえよう。遺伝子治療についての小島氏の見解は、次を参照。「効かないワクチンと政府の隠蔽」『The Liberty』幸福の科学出版、二〇二二年一〇月号、三六～四三頁。

(302)「科学は高度に専門化された言語であり、どの自然言語よりも学習することの困難なものである」「科学に従事するひとびとを別とすれば、たいていのひとびとにとって、科学は秘伝を授けられたひとびとの手中にある神秘」である。すでに引用した「民主主義の擁護者」として知られるデューイのこれらの言葉は重く響く（デューイ、前掲書、二〇三頁）。

(303) 梅原猛「原発事故は『文明災』復興を通じて新文明を築き世界の模範に」『東洋経済オンライン』二〇一一年四月五日。https://toyokeizai.net/articles/-/6624

(304) 原発の秘密主義は周知であろうし、特に原発事故直後の放射性物質の拡散を予測したSPEEDIの情報が広く共有されず、避難に生かされなかった事実を思い出しておきたい。コロナワクチンについても、第2章第3節で言及したドーシ氏が、実験の生データが公開されず、第三者による厳密な検証ができないことを問題視している。Peter Doshi: Pfizer and Moderna's '95% effective' vaccines—we need more details and the raw data, 2021/1/4.
https://blogs.bmj.com/bmj/2021/01/04/peter-doshi-pfizer-and-modernas-95-effective-vaccines-we-need-more-details-and-the-raw-data/
モデルナワクチンの特例承認の審議報告書では、黒塗り箇所が目立っている。
https://www.pmda.go.jp/drugs/2021/P20210519003/400256000_30300AMX00266_A100_4.pdf

(305) 原発事故との比較という便宜上、コロナ禍は自然発生であるという仮説を採用したが、実は人工説が真剣に検討されるようになってきていることからも、「コロナ騒ぎ」の闇の深さが窺える。米下院の調査では、米国立衛生研究所（NIH）が助成していた組織であるEcoHealth Allianceが、武漢ウイルス研究所に資金援助をしてウイルスの感染力を高めるなどの「機能獲得研究」をおこなわせ、そこから漏れたウイルスがパンデミックを引き起こしたかもしれない、という見方が示されている。
https://oversight.house.gov/landing/covid-origins/
荒川央氏は、新型コロナウイルスに見出され、感染力を高める「フーリン切断部位」の遺伝子配列が、モデルナ社が特許を得た遺伝子配列と一致する、というウイルス学専門誌に掲載された論文を解説している。偶然に一致する確率はゼロに近いとのことだ。荒川央「フーリン切断部位の謎：Frontiers in Virologyに掲載された論文から」、2022年4月18日。
https://note.com/hiroshi_arakawa/n/n4f31e24ddf1c
当該の論文は、以下のものである。Balamurali K. Ambat et al., MSH3 Homology and Potential

Recombination Link to SARS-CoV-2 Furin Cleavage Site, in: *Frontiers in Virology*, 2022/2/21. https://www.frontiersin.org/articles/10.3389/fviro.2022.834808/full

第4節 思想としてのコロナワクチン禍試論：カント、ハイデガー、イリイチに学んで

カント：啓蒙の世紀は終わっていなかった

⑦の無関心について想起させられるのは、イマヌエル・カントが、夙に一八世紀に、「自らの悟性を用いる勇気を持て」、「理性の公共的使用」をせよと要求したこと、平たく言えば自分の頭で考えよ、と広く読み継がれている古典「啓蒙とは何か」で呼び掛けていたことだ。だが、カントは同時にこの論文の冒頭で、「怠惰であること」（Faulheit）の根深さや、未熟であること（Unmündigkeit）」の「安楽さ」を率直に認めていた。「私の代わりに悟性を持ってくれる書物、私の代わりに良心を持ってくれる聖職者、私の代わりに栄養について判断してくれる医者」がいれば、自分で苦労する必要はない、と。無関心故の怠惰、

または怠惰故の無関心、という表裏一体の関係がある、と私は解釈している。この意味で、「啓蒙の世紀」はまだ終わっていなかった、と認めざるを得ない[306]。「最終的に自分の体と命に一番の責任を持つ必要があるのは自分自身です。自分の命は他人任せにすべきではないのです」、「誰もが自分自身にとっての医者であり、科学者である必要がある」。本書で何度も引用してきた免疫学者の荒川央氏による自律的思考への啓蒙的呼び掛けを、重く受け止めるべきであろう[307]。自分の運命を他者に丸投げしないことこそ、個人としての独立の第一歩であるはずだ。

これについては、専門家同士の対立を、非専門家が見極められるわけがない、といった批判があるかもしれない。それに対しては、例えばコロナワクチンについて、接種を選択した人々もまた、実は推奨する多数派の専門家が正しいという判断、そしてその反対意見は正しくない、または調べるに値しない、という判断を暗黙のうちにしていた、という側面を指摘したい。

本書では、度々新旧のＳＦ作品を引き合いに出してきた。映画『マトリックス レザレクションズ』で、人工知能が見せる精巧な心地よい夢の世界から、惨めな現実に引き戻されることを拒否する「シープル」（sheepとpeopleからの造語）とも呼ばれる人々が存在すると、示唆される場面を思い出してほしい[308]。だまされる側にも、怠惰あるいは多忙などの故に、あるいは何らかの分野の専門家であっても、自分はこれについて専門外だからといった理由で、自分の頭で考えたくない、という需要があるのだろう。そういった需要に付け入る形で、本書で吟味してきたような不条理な「コロナ騒ぎ」（寺島隆吉氏）が、壮大な規模において成就したとも、いえるのではないか(309)。伊丹万作の戦争責任者についての厳しい言葉を借りれば、「だまされるということ自体がすでに一つの悪である」かもしれないのだ(310)。

【注】

(306) Kant, I. *Was ist Aufklärung.*, in: Was ist Aufklärung, herausgegeben von Bahr, E., Reclam, 2002, S. 9-17. 邦訳は、中山元訳『永遠平和のために／啓蒙とは何か』光文社、二〇〇六年、一〇～二九頁。

(307) 荒川央「病気とホメオスタシス（生体恒常性）」二〇二二年一一月二三日。
https://note.com/hiroshi_arakawa/n/n7630809890e

(308) 免疫と生政治・死政治を巡る思索を続けるイタリア現代思想の代表格の一人、ロベルト・エスポジト氏が、ワクチン導入前の段階で、集団免疫（herd immunity）とミシェル・フーコーの司牧権力の結び付きを示唆していることが、この文脈では興味深い。ロベルト・エスポジト、松本潤一郎訳「COVID-19時代の〈免疫〉生政治」『現代思想』青土社、二〇二〇年一一月号、一七二～一八四頁。

(309) 森一郎「コロナ禍はどこまで危機なのか　反時代的試論」（『ひらく』第四号、二〇二〇年、一三〇～一四〇頁）が、あえてコロナ禍の危機性の過度な強調と、それに伴う自粛や「自発的服従」を批判的に問い直していることが参考になる。

(310)「戦争責任者の問題」『伊丹万作全集』筑摩書房、一九六一年、二〇五～二一四頁。「『だまされていた』

といって平気でいられる国民なら、恐らく今後も何度でもだまされるだろう。いや、現在でもすでに別のうそによってだまされ始めているにちがいないのである」ともある。ワクチン禍は、「別のうそ」の顕著な実例として読み解けるのではないか。「いくらだますものがいてもだれひとりだまされるものがなかったとしたら、今度のような戦争は成り立たなかったに違いないのである」。この言葉も、だますものとだまされる者の共犯・共依存関係を示唆するものだ。なお、伊丹からの引用は、現代仮名遣いに改めた。

ハイデガー：「世人」／「みんな」の影響力

私自身の自戒も込めた上で、――自身もナチス問題では過ちを犯したことで知られる――ハイデガーの『存在と時間』の日常性分析の概念を借りて、国際的に見ても高い日本の接種率の問題を考えてみよう。具体的には、「他者たちの支配」「平均性」「すべての存在可能性の平坦化」を特徴とするdas Manによる影響力の表れとして読み解けるのではないか。無論、その接種率のなかには、職域接種などによる事実上の半強制的要素が相当数含まれていることを、考慮すべきだが。Das Manは通常「世人」などと訳されるが、日本語では「みんな」がふさわしいと思われる。まず「みんな」が接種を受けているから、WHOのような国際機関、厚生労働省、医師団体や専門家の多数派、主要メディアが挙って太鼓判を押しているから、といった事情が強調される。それによって、「事象」（そのもの）へと立ち入らないこと〈Nichteingehen〈auf die Sachen〉〉、つまり過去の薬害の歴史に学ばないことや、接種が先行していた外国の事情を調べないこと、ワクチンの添付文書を地道に読まないこと、警鐘を鳴らしていた少数の専門家・有識者の声にも耳を傾けないこと、などが正当化されるわけである。「みんな」が判断することは、決断することを予め定め、各人から責任を奪う、ともハイデガーは説いていた(311)。

無論、日本の劣悪な労働環境が、自ら調べることを時間的に困難にしており、たとえ無症状であっても隔離されて職場から離脱することを許さないから接種を受けざるをえなくした、といった社会的事情も考えるべきだろう。同調圧力に抗い、健全な判断力と勇気を発揮して接種を思いとどまった人に対しては往々にして嫌がらせがおこなわれ、独自の「ワクチンハラスメント救済センター」が設立されているほど深刻なのである(312)。

【注】

(311) Heidegger, M., *Sein und Zeit*, Max Niemeyer, 18. Auflage, 2001, S. 126-127. 邦訳は原佑・渡邊二郎訳『存在と時間Ⅰ』中央公論新社、二〇〇三年、三二六～三二八頁。das Manを「みんな」と訳している文献としては、後藤嘉也「死すべき人々の可滅的な世界：ハイデガーにおける現前と非現前」『北海道教育大学紀要』人文科学・社会科学編、六九（二）、二〇一九年二月、一五～二八頁が挙げられる。

(312) https://wakuhara.com/

日本は接種を強制せずいわゆる「努力義務」や職域接種などを利用して巧妙にも高い接種率を達成したわけだが、オーストリアのように全成人、ギリシャのように六〇歳以上の全員に接種を罰金つきで義務化した国もある。職場や公共交通機関、飲食店などで非接種者に有料の陰性証明取得を四八時間ごとに強制したイタリアの「コロナワクチンファシズム」の苛烈さについては、ミラノ在住の荒川央氏が伝えている。

NPR：Greece and Austria are mandating COVID-19 vaccinations and fining people who refuse, 2021/12/4.
https://www.npr.org/2021/12/04/1061483601/greece-and-austria-are-mandating-covid-19-vaccinations-and-fining-people-who-ref

荒川央『コロナワクチンが危険な理由』花伝社、二〇二二年、二〇四～二〇五頁。

イリイチ：今こそ医原病の視点が必要

近年の日本では話題になることが減っているようだが、医療をはじめとする現代文明全体への根源的批判で名高いイヴァン・イリイチこそ、今回の薬害についての見解を最も聞いてみたい思想家である。彼の理論に当てはめて考察してみると、薬害そのものが「医療的ケアから苦痛、病気、死」が生じることを指す「臨床的医原病」に該当することは、わかりやすいだろう。それに対して、他律的で安楽な依存を好む態度は、「文化的にして象徴的な医原病」に対応するのではないだろうか。この種類の医原病は、「医学的に支援された振る舞いと幻想」が人々の「生き生きとした自律」を制限すると定義されているからだ。「医者ではなく素人が、現状の医原病的流行を止めるための潜在的展望と実効的な力を持つ」というイリイチの力強い言葉は、今こそかみしめる価値があるといえよう(313)。

【注】

(313) Illich, I., *Medical Nemesis*, Pantheon, 1976, pp.270-271, 4. この箇所では、他に「健康政策が不健康をつくりだす産業組織を強化する」「社会的医原病」も挙げられており、示唆的である。邦訳は金子嗣郎訳『脱病院化社会——医療の限界』(晶文社、一九九八年、二一六頁)だが、底本の違いからか、完全に一致はしていない。

事実認識の段階で批判的問題意識を持つ必要性

本書で萌芽的に試みた「思想としてのワクチン禍」を巡る議論は、ある医療ジャーナリストからの次の鋭い批判に応答する試みでもある。「社会の成員全員に何かをするよう求める公衆衛生は全体主義との親和性が非常に強」く、だからこそ人文科学者も含めて議論すべきだが、彼らはワクチンに関してほとんど何も言わない、というものだ。「哲学なき科学は暴走する」という言葉を、教訓とする必要がある(314)。

実は人文系分野からのワクチン問題への応答が本当にないのかといえば、必ずしもそうではない。けれども、管見の限り、少なくとも国内の多くの研究が、例えば児玉聡・京都大学教授の『COVID-19の倫理学　パンデミック以後の公衆衛生』（ナカニシヤ出版、二〇二二年七月、一八〇〜二〇〇頁）のように、ワクチンがおおむね安全かつ有効であることを前提として、その公正な配分を考えるといったものである。つまり本書で扱ってきた重大な副反応・後遺症の問題に、正面から向き合うことを避ける風潮がある。森田浩之・東日本国際大客員教授の『コロナの倫理学』も、専ら主要メディアを情報源として、異論を顧みていない。その結果として、ワクチンを「救世主」として持ち上げ、カタリン・カリコ博士のような「少数の優秀なエリート」を礼賛し、「理想的には全人口に接種したい」と述べ、日本の「ワクチン敗戦」「ワクチン忌避」を嘆く、といった論調になっている（論創社、二〇二一年一二月、二四〇〜二五七頁）。接種が始まった二〇二一年以降に刊行された主要な専門誌である『医学哲学・医学倫理』や『生命倫理』にも、私が調べた限り、本書のような批判的方向性の論文は見出せない。こうした傾向は、事実認識の段階で国家や大企業、国際機関の主張に対する批判精神を発揮しないと、優れた研究能力を誇るはずの専門的・職業的研究者であっても、結果的に現状（もしくは国策）追認的になってしまう、という事態の典型例であるように思われる。

他方で『現代思想　特集　ワクチンを考える』（青土社、二〇二〇年一一月号）には、日本でのワクチン接種開始前の刊行であるが、プラトンとジャック・デリダの「パルマコン」（毒＝薬）論に立脚して、「毒を喰らう技術」としてのワクチンの両義性に着眼した興味深い論文もある(315)。問題は、こうした方向性の論文や著書が、実際に多くのワクチン有害事象が出て来てから、日本ではあまり書かれていないことだと、私は考えている。そもそもワクチン禍が発生していると認識している人が少数派なので、研究動向も同じ方向に偏るのは自然なことかもしれない。

本書の問題意識に近い研究成果の一つとして、本書でもすでに注釈などで度々引用してきた野口友康氏の『「犠牲のシステム」としての予防接種施策』を挙げておきたい。姉が幼少時に受けた種痘ワクチンで重度な障害を負った野口氏は、当事者家族でもある。野口氏は、沖縄の基地問題と福島の原発問題についての高橋哲哉氏の理論を援用しつつ、予防接種施策とは、「社会防衛」の美名の下、「集団免疫を獲得するため、その過程で発生する重篤な副反応、薬害、接種間違いなどを被る人々の健康を犠牲にして生み出され、維持される施策である」と定義している。七〇年代の集団予防接種禍、MMRワクチン禍、B型肝炎ワクチン禍、子宮頸がんワクチン禍とそれに反応して発生した四つの市民運動の動向を分析し、現行のコロナワクチンの深刻な有害事象問題も含めて「社会の構成員の多くがワクチン接種を受けることにより、ウイルスが伝播しやすい社会集団内での蔓延のリスクが低減するという全体主義的な考え方」を批判している。その上で、解決策として提示される以下の提案には、私も大いに賛同したい。

①「重篤な副反応は稀にしか発生しない」という言説を「重篤な副反応は一定程度発生する」という言説に改めること。

②「明らかな否認の自由がない限り、健康被害者として認定」すること。

③「一人ひとりの免疫状況に応じて接種できるようなカスタマイズされたワクチン」を開発すること。

④接種を受けない権利を「基本的人権として擁護」すること(316)。

また、本書執筆中に詳しく検討できなかったが、経営学者の國部克彦氏による『ワクチンの境界　権力と倫理の力学』（アメージング出版、二〇二二年一〇月）も、貴重な研究成果である。同書は一九世紀英国の思想家ウィリアム・K・クリフォードの「信念の倫理」に基づき、徹底的に調べずに「軽々しく信じることの罪」を指摘するなど（第2章）、深い人文的問題意識に貫かれている。

【注】

(314)鳥集徹『コロナワクチン　失敗の本質』（宮沢孝幸氏との共著）、宝島社、二〇二二年、一五一～一五三頁。この発言以外にも、ワクチンの「必要・有効・安全言説」は、「集団免疫獲得という全体主義を基盤として、社会防衛のために個人の犠牲を強いる懲罰性をもったものであった」という野口友康氏の指摘を知っておきたい。『「犠牲のシステム」としての予防接種施策』明石書店、二〇二二年、二二八頁。

(315) 伊藤潤一郎「毒を喰らう技術」二〇四〜二一四頁。

(316) 以上野口、前掲書、三〇三〜三〇四、三五三、一五、二九三〜二九七、三一〇〜三一三頁。高橋氏の文献は、高橋哲哉『犠牲のシステム 福島・沖縄』集英社、二〇一二年。野口氏の理論的枠組みは、高橋氏以外にも、ミシェル・フーコーの言説理論（権力による医療に関する言説の管理）、ロベルト・エスポジトの自己免疫化理論、ウルリッヒ・ベックのサブ政治理論なども含む包括的なものであり、人文的問題意識の高さが見て取れる（野口、前掲書、特に第1章）。

第4章

国家・プラットフォーマー・主要メディアがつくりだす半ポスト真実的状況に対抗するための問題提起

第1節　半ポスト真実的状況を克服するための原理的提言

第3章で確認したように、〝だまされる〟側の問題もあるとはいえ、今日の問題の多い状況について責任が重いのは、やはり、情報発信に職業的・組織的に携わってきた主要メディアであろう。著しい衰えが否めないとはいえ、主要新聞や地上波テレビのような従来型メディアが、なお強力に世論を形成する力を持っていることが、悲劇的な形で明らかになったのが、ウクライナ危機とコロナ禍・ワクチン危機であった、といえるだろう。本書の最終部に当たる本章では、主要メディアがつくりだす半ポスト真実的状況を防ぎ、その弊害に対抗するための問題提起を試みたい。これらの提案はすべて陳腐であるかもしれない。だが、本書で吟味してきた現状に鑑み、当たり前のことを常に実践するのがいかに難しいか、再考する必要があると思う。

(1) Audiatur et altera pars：もう一方の側も聞かれるべきだ

ウクライナ危機について、ウクライナ政府支持者だけでなく、親ロシア派の人々からも、一つの出来事についての「両方の物語」を聞くことの重要性を述べた。ラテン語の格言には Audiatur et altera pars というものがある。「もう一方の側も聞かれるべきだ」という意味だ(317)。戦争であれ、感染症対策であれ、当事者や専門家の間にはほぼ常に複数の意見があるので、最低限でも両論併記、願わくは両論の比較検証がおこなわれ、いわば立体的な報道がおこなわれることが、望ましいのではないか。それを怠り、あたかも多数派の意見しか存在しないかのような報道が続けられた結果が、本書で吟味してきた半ポスト真実的状況の到来だ、とみることができるだろう。原発問題や安保法制など、近年の重要課題では、新聞等主要メディアは、少数派の意見もそれなりに掲載していた(318)。ウクライナ危機とコロナ禍・ワクチン危機のような、これらに匹敵する大問題においてこそ、両方の意見を聞くという原則を徹底すべきではなかったのだろうか。

確かにこれらの危機については、専門家の意見が極端な割れ方をしたのは事実であろう。だが圧倒的多数の専門家が片方の意見に与するとき、むしろその不自然さを疑うべきではなかったか。価値中立的に学んでみれば、ウクライナ危機については、その原因をつくった米国側の責任も強く問う論者として、塩原俊彦氏、遠藤誉氏、羽場久美子氏(319)、大西広氏、伊勢崎賢治氏、ジョン・ミアシャイマー氏、ダニエル・ガンザー氏(320)、ジェフリー・サックス氏ら、内外の有力な研究者が少なからず存在することがわかる。

主要メディアには、ほとんどの場合、ワクチン推進派の専門家ばかりが登場することは、周知のことだ。けれども、mRNAワクチンの有効性を疑問視し、その負の側面に警鐘を鳴らしてきた論者としては、本書でもすでに言及してきたように、近藤誠氏、荒川央氏、宮沢孝幸氏、井上正康氏、村上康文氏、岡田正彦氏らの著名専門家が挙げられる。しかも彼らは一般向けにも、ブログ執筆や解説書出版、講演などにより啓発に努めてきた。

要するに、私が主張したいのは、メディアは自分たちが取ってきた出来事に対する見立て、あるいは紡いできた「物語」の論理的に一貫した「筋書き」をかき乱す不協和音的要素や、認知的不協和を引き起こす異論を取り入れることを恐れるべきではない、ということだ[321]。むしろそうした情報も積極的に報道に取り入れ、読者や視聴者に判断を委ねること。あるいは、わからないことはわからないと率直に認め、複雑怪奇な現実を単純化せず、共に粘り強く直視し、考え続ける精神の涵養こそ、不可欠であると思われる。

なおこうした要求は、どんな主張についても公平に扱うべきだという「偽の等価性」をつくりだすことに賛同するものではない[322]。偽の等価性は、悪しき相対主義の極北として、まさに「ポスト真実」をもたらす態度を指しているが、荒唐無稽な正真正銘の「陰謀論」まで対等に扱う必要はない。そうではなくて、先に挙げたような真摯な専門家の意見も紹介、検討して、世論形成の糧とすべきだ、ということだ。本当に深刻な問題は、でたらめな主張に対して過剰に反応するあまり、これらの専門家らの根拠ある異論や、当事者の切実な声も無視・軽視されるようになることだと考えられる。

【注】

(317) 田中秀央『ギリシア・ラテン引用語辞典』(岩波書店、一九七九年、五二一頁)では、「他方の側もまた聴かるべきなり」と翻訳されている。

(318) 例えば安保法制を巡る議論では、この法案の合憲説を取る法学者は明らかに少数だった。けれども、例えば百地章、西修、長尾一紘の各氏ら合憲派の意見が新聞紙面に少なからず掲載されたことは、各紙の過去記事検索からうかがい知ることができる。直近の話題では、共同親権の賛否について、新聞各紙は両論併記を心掛けていることが伝わってくる。

(319) 「ウクライナ一辺倒の立場からもう少し双方の意見を聞いて、安定化させる方向にもっていくことが必要」という本書の姿勢に通じる見解を示した羽場氏の見解として、次のインタビューを参照。「アメリカの影響力抜きには語れないロシアの軍事侵攻『ミンスク2』の時点に戻り、即時停戦を」マスコミ市民フォーラム編『月刊マスコミ市民』二〇二二年五月号、三四〜四五頁。

(320) ガンザー氏が二〇一四年の「オバマのクーデター」から説き起こして、今日の戦争へと至る過程を説明する動画と記事として、以下を参照。「ガンザー博士が語るウクライナ紛争：真実の裏側」二〇二二年四月一二日。https://www.kla.tv/22242

(321) 本書第3章第4節では、ワクチンと全体主義の親和的関係に触れた。「物語」の論理的一貫性を論じるこの文脈で、ハンナ・アーレントが『全体主義の起原』英語版で、「論理の専制」(tyranny of logicality)がもたらす「内的強制」を、全体主義的支配の特徴として述べていることを思い起こしておきたい。Arendt, H. *The Origins of Totalitarianism*, Harcourt, 1994, p. 473.

(322) 大橋完太郎「解釈の不安とレトリックの誕生――フランス・ポストモダニズムの北米展開と『ポ

ストトゥルース』」リー・マッキンタイア、大橋完太郎監訳『ポストトゥルース』所収、人文書院、二〇二〇年、二四八頁。

(2) Principiis obsta:経路依存を避けるため、できるだけ早く抵抗を始める必要性

もう一つのラテン語の格言としてPrincipiis obstaを挙げておきたい。この格言は、「初めから抵抗せよ」を意味する(323)。私がこの格言を重視するのは、ウクライナ危機およびコロナ禍・ワクチン危機において、主要メディアがこれほど偏った報道を実践し続けてしまったのは、いわゆる経路依存の問題があるのでは、と推測しているからだ。(1)で言及したように、「もう一方の側」も聞かなかった結果として陥りがちであろう。

ウクライナ問題については、二〇一四年のクーデター事件とその後の内戦における米国の有害な介入政策や、ウクライナの過激ナショナリストらによる自国の少数民族に対する悪行を、ほとんど問題にしてこなかった。だからこそ、二二年二月にロシアが突然戦争を始めたかのように見えてしまったのであろう。それ故、ロシア側を純然たる侵略者として描き(無論実際侵略でもあるが)、米国・NATOの責任やウクライナ政府・軍の深刻な問題点を、看過することになったのではないか。

ワクチン問題の方は恐らくもっと深刻であり、当初〝ノーベル賞級〟などと主要メディ

アが持ち上げ、主要開発者のカタリン・カリコ博士の人格も含めて、あまりに称揚し過ぎたように見える(324)。それ故、その後に多くの副反応疑惑や接種後死亡、膨大な超過死亡といった巨大な問題が出てきても、十分な検証を怠るようになったのではないか。「この道しかない」とばかりに、ほぼ一つの経路で突き進んできた結果、自分たちの一方的な報道の記録が重しとして積み重なり、足枷になったのでは、と私は推測している。特にワクチン問題については、途中で間違いに気付いたとしても、事があまりに大きく成り過ぎた結果、最早自己批判して引き返すことが不可能になっているのでは、と私は見ている。記者自身がメディアの報道を信じて、度重なる接種を受けていれば、その意味でも当事者になって巻き込まれ、客観的な第三者ではなくなってしまうだろう。それ故、今更ワクチンの重大な欠陥を知りたくない、という逃避や願望のような心理も働いているのだろうか(325)。今更本書で論じたような不祥事を報道したとしても、なぜこのような命を左右するような重大な問題を、四～五回目接種がおこなわれるまで積極的に伝えてこなかったのか、と読者や視聴者からの猛烈な非難を受けかねないだろう。だからこそ、できる限り早い段階で問題の所在を見極め、すでに判断を誤ったことが判明した場合は、極力速やかに謝罪して、路線転換を模索する必要がある。

ワクチン問題については、接種してしまったら対策が何もない、というわけではない。

イベルメクチンのワクチン後遺症対策への適用の可能性にはすでに触れたが、それ以外にも、ナットウキナーゼがスパイクタンパクを分解する、という研究結果も出ている(326)。また、ワクチン後遺症問題に取り組む医師団体FLCCCは、一六時間程度の絶食期間をつくるオートファジー断食に、細胞が取り込んだ有害物質を排出し得る効果を認め、推奨している(327)。せっかくこういった前向きな対策の可能性が存在していても、そもそもの間違いを認めないようでは、報道する理由すらないことになるだろう。

【注】

(323) この格言は古代ローマの詩人オウィディウスの詩集『愛に対する治療薬』(Remedia Amoris)に由来し、元来は恋愛に関わる意味であった。日本では、丸山眞男が引用したマルティン・ニーメラーの次の発言との関連で比較的知られていると思われる。ナチスが共産主義者や社会主義者、ユダヤ人らを攻撃した時自分は何もしなかったが、自らがその一員である教会を攻撃した時はもう遅かった、というものだ。『現代政治の思想と行動　新装版』未来社、二〇〇六年、四七五~四七六頁。ラテン語原文は以下のタフツ大学が運営するデータベースPerseusにて閲覧できる。sero medicina paratur/Cum mala per longas convaluere moras と続いており、「悪が長き猶予によって元気を回復したるときには、対策を用意するも既に遅し」と訳されている(田中秀央『ギリシア・ラテン引用語辞典』岩波書店、一九七九年、五八六頁)。https://www.perseus.tufts.edu/hopper/text?doc=Perseus%3Atext%3A1999.02.0068%3Atext%3DRem.

(324)『朝日新聞』二〇二一年九月二八日付朝刊「コロナ、mRNAワクチンに注目　ノーベル賞、今年は誰に」。

(325)「今となっては『自分や家族もワクチンを繰り返し接種してしまった。いまさら否定的な意見を認めるわけにはいかない』という気持ちが強い方も多いかもしれません」。うすうすこれまでの判断の誤りに気付きつつも、それを認め難い人々の心理を、「偽の移植記憶」を植え付けられたことに衝撃を受けるフィリップ・K・ディックの古典SF作品『アンドロイドは電気羊の夢を見るか?』(浅倉久志訳、早川書房、一九七七年。映画版は『ブレードランナー』)の「アンドロイド/レプリカント」になぞらえる次の記事を参照。

荒川央「人はコロナ後の世界の夢を見るか?」二〇二二年九月二〇日。

https://note.com/hiroshi_arakawa/n/nde8dc3b30e85

(326) Tanikawa, T. et al., 'Degradative Effect of Nattokinase on Spike Protein of SARS-CoV-2', in: *Molecules* 2022, 27, 5405, 2022/8/24.

https://www.mdpi.com/1420-3049/27/17/5405/htm

(327) An FLCCC Guide to Intermittent Fasting, 2022/12/7.

https://covid19criticalcare.com/guide-to-intermittent-fasting/

(3) 傍観者の視点：まずもって問題の当事者になることを避ける

(2)の議論を踏まえると、主要メディアにとって、もう一つの教訓が出てくる。即ち、メディアは特定の問題の当事者になることに対して、差し当たっては慎重であるべきだ、ということである。専門家の間で意見が正反対に割れる難解な問題の場合に、最初から片方に強く肩入れすることが危ういのは、なおさらである。ここで参考になるのは、ハンナ・

アーレントが遺稿『カント政治哲学講義』で述べた「傍観者」(onlooker)または「観察者」(spectator)の視点である。活動者/俳優(actor)は、いわば世界という劇場の演劇に巻き込まれて、特定の役割(part)を演じる当事者となっているため、部分的(partial)にしか世界を見られなくなる弱点がある。役割を割り当てられない傍観者/観客だからこそ、物事の全体を公平に(impartial)見られるという利点があるとされる[328]。戦争報道にとりわけ顕著に見られるが、メディアがウクライナ応援団のようになってしまっては、複雑怪奇な背景を理解できなくなってしまうのは、避けられないことだろう[329]。

しかしとりわけ今回の薬害のように、被害の疑惑が深刻になってきた場合、単に中立でいるままでは済まなくなり、覚悟を決めて態度決定をする必要が生じる場合もあるだろう。その場合は、客観的事実を尊重しつつも、実際に苦難を受け不利な立場にある被害者及びその遺族の側に、メディアはより多く配慮するのが、むしろ公平なのではないか。本書第2章で論じたように、現状の主要メディアは、薬害問題の扱いを小さくすることで、結果的に巨大製薬会社や、ワクチンを推進してきた厚生労働省や主流専門家、政治家らに事実上、利益をもたらしているといわざるをえない[330]。特に国家権力がつくりあげようとしているのと同じ世界観(対ロシア制裁と一方的非難によって強制的に戦争終結を目指すべきだ、mRNAワクチンの大量接種によって感染症を制圧できる、など)の形成に、メディアが無批判に与することは、極めて危険だという自覚を持つべきであろう。

【注】

(328) Arendt, H., *Lectures on Kant's Political Philosophy*, University of Chicago Press, 1982, pp. 52-55, 68. 邦訳は、仲正昌樹訳『完訳 カント政治哲学講義録』明月堂書店、二〇〇九年、九七～一〇三頁。

(329)「ウクライナと共に　長期化する戦争」と題して、全面的支援を打ち出した連載を掲載した新聞まで見受けられた。『産経新聞』二〇二二年八月二四～二九日。

(330) 客観的事実を尊重して偏りを回避しながらも、今回の薬害問題に被害者の苦難を重視して取り組んでいる報道事例の一つが、CBCの大石邦彦アナウンサーの一連の発信である。ユーチューブで視聴できる多数の「大石解説」シリーズは、ワクチンは危険だ、接種するな、などとは言っていない（放送法に縛られるテレビ番組であるという事情もあるだろう）。利点と問題点の両方に関わる事実の積み重ねと、「有害事象」経験者と遺族の証言を基に、視聴者に接種への判断材料を提供するものになっている。その結果、検討してきた通り、かなり偏向しているユーチューブですら、「大石解説」シリーズを削除するには至っていない。一連の報道の成果は、書籍としても刊行された。大石邦彦『新型コロナワクチンの光と影　誰も報じなかった事実の記録』方丈社、二〇二三年。

（4）ドイツ政治教育のボイテルスバッハ合意をメディア報道に適用する試み

より具体的な指針として私が提案したいのは、ドイツの政治教育における原則になっている「ボイテルスバッハ合意」を、メディア報道にも適用する、という可能性である。日本では、主権者教育と新聞を組み合わせる動きもあり、一般的にも政治的判断の材料を提供するのがメディアであるから、決してこじつけではないだろう(331)。

一九七六年に決められたボイテルスバッハ合意は、次の三つの原則からなる(332)。

① 圧倒の禁止

「どのような手段であれ、生徒を望ましいとされる見解という意図で圧倒し、それにより、『自律的判断の獲得』において阻害することは、許されない。まさにここに、政治教育と教え込み(Indoktrination)の境界が存する。だが教化とは、民主主義的社会における教師の役割と――幅広く合意された――生徒の成熟という目標の観念と相容れないものだ」

② 学問と政治において論争があるものは、授業においても論争があるものとして現れねばならない

「この要求は、①と非常に密接に関わっている。なぜなら、さまざまな立場が無視されたり、さまざまな選択肢が隠匿されたり、さまざまな別の可能性が聞き入れられることがなければ、教え込みへの道が開かれることになるからだ。問うべきなのは、教師が補正機能を持つべきではないか、ということだ。つまり、教師は、生徒や政治教育の催しの参加者に、彼ら・彼女らにとって、政治的あるいは社会的出自故に、知られていないような立場と別の可能性を殊更際立たせるべきではないか、ということだ[略]」

③　生徒は、自らの政治的状況と、関心の状況を分析できる能力を得るようにならなくてはならない

「生徒は、眼前に見出された政治状況に、自らの関心の意図において影響を与える手段と方策を探さねばならない［略］」

【注】

(331) 日本新聞協会ＮＩＥ委員会委員長・町田智子「主権者教育とＮＩＥ」https://www.mext.go.jp/b_menu/shingi/chousa/shotou/142/shiryo/__icsFiles/afieldfile/2019/06/13/1414786_2.pdf

(332) Bundeszentrale für politische Bildung, Beutelsbacher Konsens, 2011/4/7. https://www.bpb.de/die-bpb/ueber-uns/auftrag/51310/beutelsbacher-konsens/
藤井基貴氏・寺田佳孝氏は、①〜③を、「生徒への圧倒禁止の原則」「論争性の原則」「生徒志向の原則」として、わかりやすくまとめている。「コンピテンシー概念に基づくドイツの政治教育――コンピテンシー論争とミッテルバウ・ドーラ強制収容所跡地の取組」『静岡大学教育学部附属教育実践総合センター紀要』第二六号、二〇一七年、九〜一八頁。

「傲慢罪」に陥ること勿れ

とりわけ①と②がメディア報道にとって参考になると思われる。専門家・研究者においい

て多様な見解が存在するのにもかかわらず、一方的な見解を伝え続けて量的に「圧倒」することは、「教え込み」と同じ効果をもたらすといえよう。それは民主社会の原則である自律的思考の能力を持つ個人の確立と、相容れないはずだ。だからこそ、専門家の意見の割れ方が不自然なほど極端になるときこそ、メディアが根拠ある少数意見を殊更に探し出し、吟味した上で、広く伝えることが必要となる。

ただし、教育とメディア報道の間には、本来は決定的な違いがある。教育においては確かに、教師と生徒の間に、権威や、知識、経験、成績評価の権限などの点で、上下関係が存在することは否めないし、否定する必要もない(333)。だが、メディアは読者や視聴者の教師ではないはずだ。さまざまな読者・視聴者が存在するため、むしろメディアより特定の問題に詳しい人もいる。ネット社会の進展により、問題意識と時間さえあれば、査読論文や公式な統計など、自ら世界中の一次情報を取ってきたり、動画配信により世界中の専門家や論者に学べたりする時代でもある。特定分野の知識がなくても、潜在的には高い思考力・判断力を持つ読者・視聴者も多いだろう。ネットの世界では、noteなどのブログで、コメント欄を活用した質問機能もあり、専門家と読者の間に活発な質疑応答がおこなわれている。専門家たる著者が知識を読者に伝えるのはもちろんだが、読者から著者へのニュースや動画などの情報提供や症例報告もなされ、双方向でも活用されている。

にもかかわらずメディア関係者が、我こそは世間随一の情報通と自惚れ、特定の見方を排除するパターナリスティックな選別をおこない、自ら調べる能力・時間・意欲がない人たちを特定方向へと結果的に誘導しているのだとしたら、こうしたおこないはいわゆる「傲慢罪」に当たるのではないか(334)。

【注】

(333) 教育における権威の意義を強調したアーレントの教育論を参照してほしい。『過去と未来の間』引田隆也・斎藤純一訳、みすず書房、一九九四年、第5章「教育の危機」。

(334) 昨今メディア業界で評判になった鮫島浩『朝日新聞政治部』(講談社、二〇二二年、序章)の重要概念である。鮫島氏が、ネット言論の軽視を、朝日新聞の凋落の原因として挙げていることは、本書の問題意識とも通底する(二六四〜二六七頁)。無論、朝日だけの問題ではないだろう。

第2節　半ポスト真実的状況の出現を避けるためのメディア別の提言

ここからは、メディアの種類ごとに、半ポスト真実的状況の出現を防ぐために、どのような対策が考えられるか、検討してみたい。

（1）インターネット：プラットフォーマーの圧倒的な力をいかに相対化するか

第一に考察対象にしなければならないのは、本書で再三にわたって重大な問題点を指摘してきたユーチューブやグーグル、ツイッターといったネットの世界を支配するプラットフォーマーであろう。ＳＮＳについては、サイバーカスケード、フィルターバブル、エコーチェンバーといった現象により、利用者が、自分が好む情報ばかり集めて、仲間内で閉じこもってしまうことは、よく知られている[335]。だが、こうしたプラットフォーマー自身が、本書で示してきたような事実上の情報統制をおこない、特に日米政府の国策やＷＨＯの公式見解に反する情報を積極的に削除・排除してきた問題は、十分に批判的に論じられてきたとはいえないと私は考えている。一部の論者はこの問題を認識しても、あえて論じないと宣言するか、実際には本格的に切り込むこともなく、あたかもタブーとして封印してしまったかのようである[336]。プラットフォーマーを批判することは、スポーツの試合で選手が審判と闘うようなものであり、恐ろしいのであろうか。

【注】

(335) 情報カスケードと評判カスケードに分かれ、滝のように一つの方向に意見が集約される現象であるサイバーカスケードについては、キャス・サンスティーン、伊達尚美訳『#リパブリック　インターネットは民主主義になにをもたらすのか』勁草書房、二〇一八年、第4章。検索サイトの偏りによって出現する「自分だけの情報宇宙」としてのフィルターバブルについては、イーライ・パリサー、井口耕二訳『フィルター・バブル　インターネットが隠していること』早川書房、二〇一六年、特に二三頁。エコーチェンバーとは、ソーシャルメディアで、「自分と似た興味関心をもつユーザをたくさんフォローし、結果的に、同じようなニュースや情報ばかりが流通する閉じた情報環境になりがち」な「嘘がこだまする部屋」と理解されている（笹原和俊『フェイクニュースを科学する：拡散するデマ、陰謀論、プロパガンダのしくみ』化学同人、二〇一八年、八二頁）。

(336) 例えば、ネット問題の専門家である法学者のキャス・サンスティーン氏は、「特定の検索結果を他の結果よりも上に表示するよう検索アルゴリズムを調整しているという事実」を認めながら、「サプライヤーによる独占行動や操作を本書ではほとんど論じない」と断っている（前掲書、四一頁）。「デジタル・ポピュリズム」の危険性を問うジャーナリストの福田直子氏も、ネット上の情報が必ずしも中立・客観的でないことを理解すべしと警鐘を鳴らし、検索結果がIT企業により操作されていることを認知しながら、それ以上の批判には踏み込んでいない（福田直子『デジタル・ポピュリズム　操作される世論と民主主義』集英社、二〇一八年、一九六、二一〇頁）。他方で、僅かながら、グーグルは検索結果の表示順位を変えることで、投票結果を二五％まで上昇させられる、といった専門家による核心に触れる分析を紹介し、テクノロジーからどう政治を守るか、と問題提起する著作もないわけではない。ジェイミー・バートレット、秋山勝訳『操られる民主主義　デジタル・テクノロジーはいかにして社会を破壊するか』（草思社、二〇一八年、九一、二二四頁）。「邪悪にならないようにできるかぎりの努力をしています。でもそうなりたいと思えば……いつでもなれますよ」というグーグル・エンジニアの本音を拾ってきた、イーライ・パリサー『フィルターバブル』（早川書房、二〇一六年、二〇〇頁）

も貴重な文献である。

リヴァイアサン＝国家とビヒモス＝プラットフォーマーの結託に警戒を

本書第1章第2節では、ウクライナのドンバス内戦との関連で、リヴァイアサンとしての国家が個人に対していまだ持ち得る強大な権力に言及した。けれども、インターネット時代においては、「今や国家よりもプラットフォームのほうが私たちの日常的な行動に影響を与えているともいえる」という認識が有識者により示されており、プラットフォーマーは、海の怪物リヴァイアサン＝国家に匹敵する力を持つ陸の怪物ビヒモスに準えられている(337)。だが我々が最も警戒すべきは、リヴァイアサンとビヒモスが事実上結託したかのように振る舞い、前者の政策（国策）に不利な情報が抑圧・排除され、有利な情報ばかりが優先的に流される事実上の世論操作がおこなわれている実態ではないだろうか。そして特にコロナ禍・ワクチン危機については、このリヴァイアサンとビヒモスの強大な同盟に、国際機関や巨大製薬企業といった強力な権力機構が加わり、ヤマタノオロチのような様相を呈するGe-stell＝巨大収奪機構＝総駆り立て体制を形成しているという現状を剔抉することが、本書の目的の一つであった。

本書では、このディストピア的状況がすでに相当程度実現していることを、具体的に示してきた。国家の方は、法律でできることがかなり縛られており、少なくとも民主国家に関しては、かつてのような露骨な検閲をすることは、最早できないだろう。だがプラットフォーマーが動画削除や検索結果の操作などをおこなっても、「利用規約に従い規約違反に粛々と対処しただけで、何ら違法ではない。嫌なら別のプラットフォームを利用してほしい」、といった開き直りや言い逃れが通用してしまう。ＷＨＯのような権威に依拠しているとはいえ、何が真理・虚偽かを自分が一義的に決められると思い込んでいるユーチューブは、さながら古典的ディストピア小説『一九八四年』で報道を司る「真理省」のような振る舞いをしているのではないか(338)。インターネット上の言論の中立性が日本や米国の法律では、義務ではないのは確かだ。けれども、違法でなければ何をやっても許されるという態度は深刻なモラルハザードをもたらす恐れがあり、看過できない。実定法的に見て違法ではないと確認して、そこで思考停止してしまうようでは、不十分であろう。そのため、そこから正に、哲学的・思想的知見にも学びつつ、ハンナ・アーレントが実践した「手すりなき思考」（thinking without a banister/Denken ohne Geländer）を始める必要がある(339)。具体的には、そうした偏向が民主主義社会や政治状況に与える影響はどのようなものか、とより深く問い直すべきであろう。

「ソーシャルメディアには強力に民主化を推し進めるはたらきがある」といった楽観論もあるが(340)、ネットの世界の神のような力を持つプラットフォーマーの恣意的な情報操作による負の側面も直視すべきだろう。こういったプラットフォーマーによる恣意性・非中立性を踏まえると、ツイッターの呟きや、グーグルの検索履歴から、人々の無意識を表す「一般意志」として抽出して政治に生かす、という東浩紀氏が提案した発想は、相当な危険が伴うと指摘せざるをえない(341)。特定方向の呟きや情報が排除されてしまうのだから。

【注】

(337) 山本龍彦・小嶋麻友美「〈対談〉兵器化する『表現の自由』とアテンション・エコノミー」『世界』二〇二二年一〇月号、岩波書店、二〇〇～二一〇頁（山本氏の発言）。

(338) ジョージ・オーウェル、高橋和久訳『一九八四年　新訳版』早川書房、二〇〇九年、一一～一二頁など。

(339) Arendt, H., *Thinking Without a Banister*, Schocken, 2018, p. v. ウクライナ危機の文脈に視線を向けてみれば、国際法的に見て合法・違法といった観点を確認してそこで終わるのでなく、ある特定の行為のもたらす意味や原因を、哲学的・倫理的により深く考える必要がある、ということになるだろう。コロナ禍・ワクチン危機についても、厚労省や巨大製薬会社のおこないの多くは合法であるため、合法性を唯一の基準とすると、それ以上の追及は不可能になってしまう。

(340) サンスティーン、前掲書、四〇頁。

(341) 東浩紀『一般意志２・０　ルソー、フロイト、グーグル』講談社、二〇一一年。東氏の議論の進化形として見ることができる最新の成果として、成田悠輔『二二世紀の民主主義』（ＳＢクリエイティブ、二〇二二年）がある。この書物は「インターネットや監視カメラが捉える日常のなかでの言葉や表情や体反応、安眠度合いや心拍数や脇汗量、ドーパミンやセロトニン、オキシトシンなどの神経伝達物質やホルモンの分泌量」までを活用する「無意識民主主義」「センサー民主主義」「データ民主主義」「アルゴリズム民主主義」を提唱している。非常に大胆な提案ではあるが、こうした内面にまで関わる情報が管理者に集約されうることに対する警戒心が薄いように感じられる（同書、一六〇〜一六一頁）。こうした情報を匿名化することはできるだろうが、濫用される恐れも否定できないだろう。

オルタナティヴ・プラットフォーム活用の勧め

それでは、解決策として、国家というリヴァイアサンにより強い権限を与え、プラットフォーマーというビヒモスをより厳しく監視させるべきであろうか。そうすると、国家がインターネットの世界も支配することになり、益々強くなり過ぎるというジレンマが生じるであろう(342)。ビヒモスを従えたリヴァイアサンが、私たちにとって最大の脅威に成りかねないのだ。

こういった状況の下で、私がまず提案したいのは、日本で一般的なプラットフォームが決して中立ではないということを、万人により広く認識してもらうことだ。娯楽用の動画配信・視聴に使うのは問題が少ないだろうが、政治・軍事・医療など、国策の機微に触れる情報収集には根本的に不適かもしれない、と考えるべきであろう。ユーチューブ副社長を務めた人物によると、「誰もが自分の意見を共有する公平なチャンスを持つ開かれた民主的なプラットフォーム」が、同社の理想だそうだ(343)。けれども、本書で取り上げた数々の実例を鑑みるに、同社はこの理想に忠実だと言い切れるだろうか。

私が提案したいのは、プラットフォーマーの非中立性について熟知した上で、偏向した排除措置をおこなわないとされるプラットフォーマーの存在を知り、積極的に利用することである。動画共有サイトとしてはランブル（Rumble）やビットシュート（BitChute）、オデュセー（Odysee）などがある(344)。イベルメクチン肯定やｍＲＮＡワクチン批判など、ユーチューブでは削除必至とわかっている内容は、初めからこういったサイトに投稿するという選択肢がある。

ユーチューブの親会社たるグーグルが、検察履歴の追跡や、個人ごとに検索結果を変える「個別化」という手段も駆使した露骨な検索結果の操作をおこなっているのは、周知の通りだ(345)。それに対しては、プライバシーを重視し、個別化もおこなわない検索サイトとしては、例えばダックダックゴー（DuckDuckGo）が挙げられる(346)。ツイッターも特にワクチン問題でアカウント凍結などの強硬措置をおこなってきたことは、本書でも確かめた通りだ。恣意的な排除措置をおこなわない短文投稿サイトとしては、ロシアやウクライナなど、東欧圏で強いテレグラム（Telegram）が存在する。日本では犯罪への悪用など負の側面の印象が強いかもしれないが、ロシア発祥のテレグラムの方が、米国発祥のツイッターよりも言論の自由を重んじているという側面がある(347)。他に(ツイッターなどの)「ビッグテック」と一線を画し、「支配されない思考の自由を支えて政治検閲を拒絶」することを謳うSNSとして、GETTRが挙げられる(348)。問題はこういったオルタナティヴな情報伝達手段の知名度が日本では著しく低いことであり、より普及することが望まれる。なおツイッターについては、本書執筆中の二〇二二年一〇月に、「言論の自由」尊重を掲げるイーロン・マスク氏に買収されたというニュースが入ってきた。(ツイッターの象徴である)「鳥が解き放たれる」(the bird is freed)と一〇月二八日付のツイッター投稿で宣言したマスク氏。彼自身も巨大グローバル資本の一員であり、ツイッターの従業員の大規模解雇などの言動が物議を醸しているが、「コンテンツ表示アルゴリズムの透明化」による「デジタル立憲運動」が成果を上げるかどうか、慎重に見守りたい(349)。一一月下旬には、早速ツイッター社が「新型コロナ虚偽情報制限も撤廃」というニュースが入ってきたが、ある新聞は早速「根拠不明の陰謀論　拡散の恐れ」と心配しているようだ(『東京新聞』朝刊二〇二二年一二月一日)。

なお本書で見てきたような内容に関わる排除措置に対しては慎重であるべきだと私は考えるが、もちろんネット上では、〝何でもあり〟だと主張しているわけではない。キャス・

サンスティーン氏が「規制のない言論システムなどほとんど想像できない」と言うように、コンピューターウイルス配布、犯罪のための共同謀議、恐喝、著作権法違反などが取り締まられ、言論の自由への最低限の法的規制が実際に国家によっておこなわれていることに異存はない(350)。他者アカウントへの成り済ましといった、ネット特有の問題にも対処する必要があるのは当然だ。問題は、違法ではなく、相当な根拠に基づく情報に対して、ユーチューブが実践しているような強硬な排除措置が妥当かどうか、ということであろう。

【注】

(342)本章の後段で論及する放送法の中立性規定については、二〇一六年に総務大臣だった高市早苗氏が国会で免許停止の可能性を口にしたり、二〇一四年衆院選の前に自民党が「公平な選挙報道を」とテレビ局に要請したことで事実上の圧力になったと指摘されたりしたことがある。このような日本の現状の下、放送法のような規定を他の媒体に広げることには、権力濫用の危険があるといわざるをえない。

(343)ロバート・キンセル、渡会圭子訳『YouTube革命 メディアを変える挑戦者たち』文芸春秋、二〇一八年、一三二頁。

(344)ただし本書執筆中に、Rumbleからアカウントごと削除されたという医師からの報告も入ってきており、方針は変わりうるのかもしれない。中村篤史「動画アカウントを一発バンされました」二〇二二年一二月三日。https://note.com/nakamuraclinic/n/n915bf21577ea

(345)グーグルの個別化(パーソナライゼーション)という操作により、例えば肝細胞や気候変動についての検索結果は、賛成派・反対派で全然違うものになっているとされる(イーライ・パリサー、井口耕二訳『フィルターバブル』早川書房、二〇一六年、一四～一五頁)。

(346) 例えば、DuckDuckGoで、global research bucha false flag operationと検索してみてほしい。ブチャ事件が偽旗だった可能性があることを問う次の論文が一番目に表示される。
Bernert, J.: Massacre in Bucha. Was it a False Flag? 二〇二二年四月五日。
https://www.globalresearch.ca/massacre-bucha/5776423
ところが同じ言葉をグーグル検索にかけてみると、私の場合だが、何ページになっても、当該の論文は表示されなかった。
(347)「偽情報もあるが、言論の自由がある」ロシアと欧米の間の「情報の橋」になっているというテレグラムの実態については、『朝日新聞 Globe』二〇二二年七月一七日号が伝えている。
(348) https://play.google.com/store/apps/details?id=com.gettr.gettr&hl=ja&gl=US
(349) 成田悠輔『22世紀の民主主義』SBクリエイティブ、二〇二二年、一〇四頁。
(350) サンスティーン、前掲書、二三八、二五七、二六七頁。

アマゾン、ヤフーニュース、noteは相対的に公平・穏健

サンスティーン氏は、「似た考えを持つ者同士でのみ言葉を交わすような予測される断片化、分極化、および過激思想」がネット上ではびこることを危惧し、「自分では選ぶつもりのなかった情報」との出会いを、民主主義にとって核心的なものとして重視する(351)。そのための具体的手段として、とりわけ似たような意見やニュースの集中が起こりがちなフェイスブックにおいて、保守系サイトはリベラル系サイトへ、リベラル系サイトは保守

系サイトへのリンクを貼る、といった提案をしている。さらには、「セレンディピティー（偶然の出会い）ボタン」を提供して、自分で選択していない予期せぬ情報に触れさせることを促進すべきだ、とも主張している[352]。別の論者は、フィルターバブルから脱するため、Escape Your Bubbleのような、できるだけ多様な情報源に基づくニュースを配信するアプリを使うことを奨励している[353]。

日本においても、実はプラットフォームによって、情報伝達の多様性には大きな違いがある。GAFAMの一角とされるアマゾンは、狭義のメディアとはいえないだろうが、私の知る限り、ウクライナ危機やコロナ禍・ワクチン危機について、露骨な排除措置はおこなっていない。例えば、本書でも度々言及してきた塩原俊彦氏の著作を私が知ることになったのは、アマゾンの自動推薦機能のおかげである。寺島隆吉氏のウクライナとコロナに関する一連の著書は、アマゾン限定販売という形式を取っている。イベルメクチンをコロナ予防・治療に推奨する書物が買えない、といったこともない。アマゾンは広告に頼るグーグルやフェイスブックとは違い、何であれ商品を多く売りたいという実利的動機もあるのかもしれない。だがいずれにせよ、こうした中立的姿勢が、プラットフォームとして本来あるべき姿ではないか[354]。

また、第2章第9節で言及した通り、日本有数のポータルサイトであるヤフーについては、イベルメクチンの治験結果に関する扱いに私が疑問を抱いたことはあった。けれども、全体としては、田中良紹氏や遠藤誉氏らのウクライナ情勢についての異論を堂々と掲載し、山岡淳一郎氏の革新的な『日刊ゲンダイ』連載「コロナワクチン接種後死亡を追う」も流通させている(355)。

比較的新興のプラットフォームであるnoteには、コロナワクチン問題について、分子生物学者として果敢な発信を続けてきた荒川央氏のブログ連載がある。このブログでは、一番目立つところに掲載されている総説的記事「コロナワクチンが危険な理由」に対し、運営側が「公的機関の見解と反する内容、または著しく乖離した内容の記事です」と注意喚起し、「厚生労働省には新型コロナワクチンQ&Aが用意されています」とリンクも案内している(356)。これは本書でこれまで見てきた一律の排除処分よりは、遥かに穏当な対応であるといえるだろう。荒川氏の見解と厚労省の見解に著しい違いがあることは事実で、特に価値判断をしていないからだ。けれども、noteだけではないが、各メディアやプラットフォームは厚労省の見解に対して、荒川氏ら専門家による別の有力な見解が存在することを、なぜもっと積極的に伝えてこなかったのか。繰り返しになるが、厚労省は過去に再三にわたって薬害当事者になってきた組織であり、それが依拠するWHOや巨大製薬会社も、利益相反などの問題もあり、当然ながら完全無欠とは程遠いのだ。

【注】

(351) サンスティーン、前掲書、一二～一三頁。
(352) サンスティーン、前掲書、三〇五、三〇八頁。
(353) 福田直子『デジタル・ポピュリズム』集英社、二〇一八年、一二三～一二四頁。
(354) 無論、アマゾンは物流企業でもあるが故に、労働者の扱いについて大きな問題を抱えていることは承知しているが、メディア論を主題とする本書では立ち入らない。
(355) 田中良紹「ネオコンの手によって日本が「戦争をする国」に仕立て上げられることはないのか」二〇二二年四月三〇日。
https://news.yahoo.co.jp/byline/tanakayoshitsugu/20220430-00293955
遠藤氏については、特に以下の記事を参照。
遠藤誉「バイデンに利用され捨てられたウクライナの悲痛」二〇二二年二月二五日。
https://news.yahoo.co.jp/byline/endohomare/20220225-00283788
「遂につかんだ『バイデンの動かぬ証拠』――二〇一四年ウクライナ親露政権打倒の首謀者」二〇二二年五月六日。https://news.yahoo.co.jp/byline/endohomare/20220506-00294750
(356) 荒川央「コロナワクチンが危険な理由」二〇二一年六月九日、https://note.com/hiroshi_arakawa/n/nf4a58eda24e6

(2) テレビ：放送法の精神に立ち返るべきだ

テレビは本書の主要考察対象ではなかったが、手短に私の意見を集約すると、放送法の精神に立ち返るべきだ、ということになる。周知の通り、放送法第四条には次のような規定がある。

「二　政治的に公平であること」

「四　意見が対立している問題については、できるだけ多くの角度から論点を明らかにすること」

ウクライナ危機に関しては、マイダン革命・クリミア併合直後の二〇一五年三月には、日本で最も強力な異論を唱えていた専門家の一人である塩原俊彦氏がBSフジ「プライムニュース」に出演する機会を得ていた(357)。なぜ今回の戦争のような世界史的大事件に当たって、地上波の全国放送で、塩原氏ら有力な異論提唱者も招いた討論会が堂々と開かれなかったのか。本書第2章第1節で言及したワクチン後遺症議員連盟主催のワクチン推進派と慎重派の専門家の討論会についても、正に影響力ある全国放送の地上波テレビ局が一回目接種前に主催し、以て日本の全住民に対して判断材料を提供すべきではなかったか(358)。二〇二二年には、ファイザー社やモデルナ社のテレビCMも見かけるようになっている。そういった資金の流れが、テレビの論調と完全に無関係と言い切れるだろうか。

【注】

(357)「鳩山発言『多くの日本国民は間違った情報のもとに洗脳されている』は正しい指摘である」『ちきゅう座』二〇一五年三月一四日。http://chikyuza.net/archives/51626

(358) ワクチン報道と、放送法の関係については、経済学者の植草一秀氏が注意喚起していることに示唆を受けた。「ワクチン接種後五五六名急死は不都合な真実」『メディアゴン』二〇二一年七月一八日。
https://news.infoseek.co.jp/article/mediagong_32357/

(3) 紙媒体：最も自由なメディアとしての自覚を持つべきだ

最後に本書の主要考察対象であった紙媒体、特に日刊紙について論じたい。紙媒体については、周知の通り、テレビに対する放送法に相当する中立性規定はなく、それを根拠に政府から介入される恐れはない。ネットの世界のプラットフォーマーのような、強力な規制者も存在しない。直接的には無料が原則である地上波の民放テレビに比べて、特に有料が原則の日刊紙は、広告収入つまりスポンサーへの依存度も、相対的に低い(359)。紙媒体が経営面では苦境に立たされるようになって久しいのは、周知のことだ。だがネットやテレビと比べて、実は最も自由度が高く、国家やプラットフォーマー、スポンサーなどによる外部からの統制を受けにくいという意外な強みを持っている、という積極的な視点で捉え直すべきだろう。一周回って先頭にいる、という比喩がしっくりくる状態であるといえよう。

だが私が見るところ、最大の問題は、統制を受けにくいはずの紙媒体、特に主要日刊紙が、ウクライナ危機とコロナ禍・ワクチン危機に関して、あたかもどこかから統制を受けているかのような、一面的な報道をおこなってきたことである(360)。こうした事態の背景として、新興ウェブメディアInfactの情報公開請求が明らかにしたように、厚生労働省が「テレビ、新聞、雑誌、ウェブメディアなどのマスメディアに対し、コロナワクチンに関する正しい情報を発信してもらうための広報支援」として記者向けの「勉強会」を開催していた事実が参考になる。これ以外にも、マスメディアにおける「非科学的な内容」に対しては、書面と面談による申し入れまでなされていたことがわかっている。さらにそうした広報活動のため、「外部有識者アドバイザリー費用」などの名目で、二〇二一年八月～二〇二二年三月に計六九九八万八六〇〇円の公金が支出されたとのことである(361)。こうした厚労省の勉強会にどのメディアの記者が出席したか、などの詳細は不明である。けれども、現行の主要メディアの言論状況を見る限り、「広報活動」または事実上の報道管制の試みは、結果的に見事に成功している、と私は〝脱帽〟せざるを得ない。ウクライナ危機についても、外務省による同様の「広報活動」があったのかどうか、気になるところである。

朝日新聞社の『AERA』『論座』、毎日新聞社の『サンデー毎日』などでは、ウクライナ危機についても、コロナ禍・ワクチン危機について、明確に異なる論調の記事が見出されたことにはすでに言及した。こういった傾向は、新聞本紙に掲載できない内容をせめて系列の週刊誌やウェブ媒体で、という少数派による抵抗の試みとして、見るべきなのだろうか(362)。だが本来ならば、ウクライナ危機にしても、コロナ禍・ワクチン危機にしても、対立する意見を持つ専門家・有識者同士の討論会を、会場で、紙面で、そして(オルタナティヴ・プラットフォームによる)動画配信で、といった三重の仕方で堂々と開催して、人々の理解を深めることもできたはずだ。

【注】

(359) NHKは周知の通り広告がなく、受信料によってのみ支えられている。けれども、予算が国会で承認される必要があり、その点で政治の介入を受ける余地があるし、従軍慰安婦報道などを巡って、実際に受けてきたといえる。

(360) 鳥集徹氏と宮沢孝幸氏は、かつて子宮頸がんワクチンの有害事象・副反応被害を新聞などが大きく取り上げて、厚労省が接種勧奨を一時中止したので、ワクチン推進派医師に猛抗議を受けたことが、今回の報道状況の伏線になっている、と推測している。『コロナワクチン失敗の本質』宝島社、二〇二二年、一六二〜一六三頁。

(361)「厚生労働省がワクチン接種の世論形成のために記者勉強会を実施【ワクチンのファクト⑬】」『InFact』二〇二二年四月八日。https://infact.press/2022/04/post-19749/

(362)『毎日新聞』デジタル版に載った貴重な異論として、「『プーチン悪玉論』で済ませていいのか　伊勢崎賢治さんの知見」(二〇二二年三月五日)を挙げておきたい。
https://mainichi.jp/articles/20220304/k00/00m/040/254000c
朝日新聞社系週刊誌に載った「ウクライナ停戦への道『ロシア非難だけでは無辜の民の犠牲が続く』」(『週刊朝日』二〇二二年六月三日付、一二一頁)も参照。

Ge-stellへの加担を避け、国家やプラットフォーマーの監視と被害者支援に注力を

私が気になっているのは、ネット世界の覇者たるグーグルが「ニュースショーケース」という枠組みで、朝日新聞社などの日本の四〇以上の新聞社や通信社などの報道機関に、配信記事に対する対価を払い始めた、という事実である。プラットフォーマーはこれら報道機関の記事配信に〝ただのり〟してきた側面があり、人手と費用がかかる記事の取材・執筆への適正な対価が示されるのは、正当なことだ。だが実は、このニュースに対して、藤代裕之・法政大学教授が、「メディア側はプラットフォーム企業への監視を弱めたと世の中に受け止められないようにしていく必要がある」と警告していた(363)。実際、ウクライナ危機、コロナ禍・ワクチン危機という近年の際立った出来事において、特に日刊紙は、本書が分析したようなプラットフォーマーによる専横を、十分に批判的に論じてきたようには私には見えない(364)。

リヴァイアサンたる国家のみならず、ビヒモスたるプラットフォーマーも厳しく監視すること。そしてそれらが中核をなす複合的なGe-stell＝巨大収奪機構＝総駆り立て体制の側に付くことを、断固として拒否すること。そして逆説的にも、少なくとも潜在的には、

最も自由でありうるメディアとしての自覚を持ち、複雑な戦争の実態を複眼的視点で伝え、重篤な副反応疑いの有害事象に苦しむ患者や遺族を見捨てないことこそが、求められていると主張したい。

「AとBの力関係が同じだったら、中立というのは成り立ちますよ。だけど、圧倒的に被害者のほうが弱いんですからね。中立ってことは『ほとんど何もせん』ってことですよね』。『何もせん』ってことは結果的に、加害者に加担しているわけです。全然、中立じゃない。権力側に加担している」(365)。

水俣病研究者の故原田正純氏のこれらの言葉を今こそかみしめるべきであろう。原田氏の遺言のようになったこの対話集を編集した新聞記者は、原田氏の「徹底した現場主義」を「ジャーナリズムの原点」でもあると捉え、水俣病を「人類史上初めての事件」として理解した原田氏を称賛している(366)。その通りであるが、では今回のワクチン禍について主要メディアは、なぜ原田氏の崇高な精神に適う視点を持てなかったのか、これからも自らに問い続ける必要があるだろう。特にリベラル系メディアは、「弱者に寄り添う」といった理念を掲げてきたのではなかったのだろうか。

紙媒体はデータベースと縮刷版があることにより、事後検証にも適している(367)。プラットフォーマーや政府による介入のみならず、報道内容の持続性の点でも、ネット媒体とテレビだけになってしまうことには、懸念が非常に多い。特に主要日刊紙には、反省すると共に責任を自覚し、再生に向けて奮起を促したい。

【注】

(363)『朝日新聞デジタル』「グーグル、対価支払い開始　日本のニュース配信メディアへ」二〇二一年九月一七日。https://www.asahi.com/articles/DA3S15046137.html

(364)むしろ目立つのは、ツイッターがマスク氏に買収されてから、差別的投稿などへの監視が甘くなった、といった逆方向の批判である（『日経』二〇二二年一一月五日付社説「ツイッターの公共的役割に十分配慮を」）。もちろんこの問題を私が軽視するわけではないのだが、本書で重視してきたような行き過ぎた言論統制の弊害にも、もっと目を向けるべきであろう。

(365)朝日新聞西部本社編『対話集　原田正純の遺言』岩波書店、二〇一三、二三一〜二三三頁。

(366)朝日新聞西部本社編、前掲書、x-xi頁。なお興味深いことに、すでに引用した吉原賢二氏は、「無過失予防接種事故」に見られるような考え方は「人殺しをやることになっても、技術的に間違いなく、生産性さえ上ればよいといった水俣病を生み出した思想と同じである」と指摘している。吉原氏は水俣病と当時のワクチン禍は共に「人類最大級の悲劇である」とも強調していた。原発事故を経て、今回のワクチン禍は、ほとんど気付かれることすらなく、同様の悲劇を繰り返している可能性があるのではないか（吉原賢二、前掲書、六四、一八四頁）。

(367)テレビ・ラジオについては、放送法に基づく「放送ライブラリー」というアーカイブと、視聴施設が存在している。けれども、私が番組検索を試してみた限り、更新が遅く、番組の網羅的把握には程遠いようであり、充実が望まれる。https://www.bpcj.or.jp/

結論に代えて：情報戦時代をどう生き抜くか
――多様な小規模メディアの活用と、個人同士の連帯を

　現状の日本の主要メディアの報道は、少なくともウクライナ危機とコロナ禍・ワクチン危機については、本書で検証してきたように、かなり偏っている。そうである以上、私たち個人としては現在の情報戦時代をどう生き抜けばいいか、ということを最後に考えてみたい。

　本書を執筆した経験から言えるのは、上記の Ge-stell に取り込まれることなく、独自の取材・言論活動を以て対抗し得たのはほとんどの場合、巨大メディアではなく、ごく小規模なメディアだったことだ。ウクライナ危機についてはＩＷＪ、『長周新聞』、『紙の爆弾』(368)、といった小さな媒体が早くから健闘したのが目立ち、コロナ禍・ワクチン危機については、ＣＢＣ、サンテレビといった地方テレビ局や、『女性セブン』といった比較的少部数の雑誌が、タブーを恐れぬ果敢な報道を繰り返してきた。

　二〇二二年四月には、両方の問題について、「メインストリームメディア」（ＭＳＭ）とは根本的に異なる見解を伝え続け、シンポジウムも開催してきた新興のウェブメディア『Ｉ

SF独立言論フォーラム』が設立された。ISFは組織というよりは、研究者、市民運動家、ジャーナリスト、政治家、弁護士など、多様な寄稿者の緩やかな集まりという様相を見せている。

本書では、『長周新聞』のような左派系の媒体からも、一般的には保守的・右翼的な論調が目立つ『The Liberty』や『アゴラ』、黒龍会による言論活動からも男性にはなじみのない女性誌の記事からも学んできた。大衆誌と見られている『週刊現代』が、少数派の専門家に丁寧に取材し、薬害の歴史も踏まえた上で、ワクチン副反応がもたらしうる脅威について、コロナワクチンの完成・投入に先立って、再三にわたり先駆的に警鐘を鳴らしてきたことも、知っておきたい[369]。主要メディアでタブーとなってきたストーン氏の『ウクライナ・オン・ファイヤー』を取り上げた外部筆者コラムを掲載したのは、『東京スポーツ』だった[370]。こうした事実は、ロイターをはじめとする権威ある大手通信社、主要新聞・全国放送のテレビなどの情報を無批判に鵜呑みにしないといった、本書で得られたメディアリテラシーの教訓と表裏一体であろう。主要メディアしか情報源がない人は、それだけで情報戦の敗者となってしまう恐れがある。とりわけ外部筆者については、少数意見を唱える専門家は、主要な媒体から事実上締め出される流れがあり、マイナーな媒体にしか書けなくなっている、といった事情もあると考えられる。厚労省のデータ改ざん疑惑、ファイザーの副反応疑いリスト、超過死亡問題など、多方面でワクチン問題の議論を牽引してきた小島勢二・名古屋大学名誉教授（名古屋小児がん基金理事長）は、本来であれば地元の『中日新聞』をはじめ、主要メディアに頻繁に登場していてもおかしくない。にもかかわらず、小島氏が主に『アゴラ』や『The Liberty』に寄稿してきたのは、媒体側の問題でもあるように思われる。タブー破りを敢行して、果敢に真相に迫る専門家・有識者は、どの媒体によって受け入れられているか、予めわからないといえる。

こうした多様な媒体に見出される言説のなかから、自分が信じたい結論を信じるのではなく、それぞれの主張の根拠や論理性に着眼し、信じざるを得ない結論を、暫定的に真とみなす、といった方針が考えられる。暫定的という言葉の含意は、次のようなものだ。即ち、あらゆる理論の価値は最終的には現実を説明する能力にかかっているはずなので、目まぐるしく変化する現実への説明能力を失った理論に、ドグマティックに固執してはならず、むしろ潔く放棄することを躊躇すべきでない、ということだ[371]。それと同時に、理論の背景に潜む利害関係、利益相反へと視線を向ける必要もあるだろう[372]。

また、往々にして、専門家や当事者同士の見方が正面から対立する場合がある。そうした場合は、双方の見方を知った上で、意見が一定程度一致する部分を、真である可能性が高いものとみなす、といった方針も考えられる[373]。例えば、本書第1章第8節で論じた米国・ウクライナの「生物兵器研究所」の存在疑惑が、ロシア側の一方的で無根拠な主張ではないと私が判断したのは、米国側が間接的にその存在を認めざるをえなくなっている、という事情があったためだ。厚生労働省のワクチンデータ問題にしても、自分たちが出した数値がそのままでは使えず、指摘後に修正せざるを得なくなったこと自体は、厚労省も認めている。

小規模なオルタナティヴ・メディアの奮闘に加えて、本書でも度々引用してきたように、個人レベルでも、科学史家・英語教育研究者の寺島隆吉氏や、調査ジャーナリストの櫻井春彦氏のように、ウクライナ危機とコロナ禍・ワクチン危機の本質を共に見抜いて、ネットを通じて早くから発信してきた人物もいる(374)。さらには、主要メディアではほぼ扱われないが、信頼度が高い最新の外国語の記事や論文を紹介し、さまざまな外国語の動画に日本語字幕を付け、自らネット上で専門家同士の討論会まで主催する、ブロガーや「ツイッター知識人」らも存在している。こうした人々の迅速で正確な情報発信に学んでいなければ、私は恐らく本書を、現状の仕方で書くことはできなかっただろう(375)。こうしたネット上の集合知を自分の思想に取り入れることが、必要になってきていると思われる。それどころか、むしろそうしないと自分の最低限の健康すら守れない時代になっていると、私は切実に認識している。本書を執筆した経験からは、ウクライナ危機とコロナ禍・ワクチン危機については、主要メディアの方がよほど一方向的な情報発信に陥る傾向があるといえる。それに対してツイッターなどSNSの方が、いわゆる偽情報も確かにあるが、プラットフォーマーによる統制をかいくぐりつつ、相対的に多様な言説が生き残り、論争がおこなわれているように思われた。紙媒体もまた、こうしたネット上の集合知から学べることはあるはずだ。

コロナ下においては、直接他者と会って会話すること自体が憚られる風潮すらある。だがとりわけワクチン副反応・後遺症問題については、多くの医師や専門研究者らが目を背けるという実態の中、統計や論文だけでなく、知り合い同士の直接的情報交換も軽視できない。私個人についていえば、近所の自然食品店の経営者が大変な情報通であり、週刊誌記事の紹介を通じて、コロナ・ワクチン問題について自ら深く調べるきっかけをつくってくださった。イベルメクチンを巡る巨大学会や巨大学術雑誌の「異常事態」や、「コロナワクチンの危険性やネガティブな側面を訴える論文は非常に重要な良い論文であっても、権威ある学術雑誌では査読を通らなかったり、あるいは未査読なまま放置され続けているものが多くあります」といった荒川央氏による証言を踏まえれば、尚更である(376)。

本書で論じた二つの危機をもたらしたGe-stellの表れの一つの形が、強力な巨大組織の集合体のようなものであるとしよう。そうだとしたら、それに対抗する手掛かりの一つが、隷属を拒否する個人の精神的独立への志や、個人同士の小さな繋がりに求められてもおかしくはないだろう。巨大組織群により敵視されてきたイベルメクチンの使用と研究に励んだのが、主として個別の医師や、病院といった小規模な単位だったことも感慨深い。意思決定や方針転換に多くの人間による合意形成が不可欠である巨大組織に比べ、個人は客観的事実を直視し、自分一人が間違いを認めればそれで済む。それ故、一見無力な個人の方がいわば小回りが利き、有利な側面があるというのは確かだろう。本書で何度も引用した吉原氏の体験的、当事者研究的著書が、「けし粒のような個人」同士の「団結」、「私憤から公憤」への「転換」と、「真に連帯する道」を力説していたことが思い起こされる(377)。自分が所属する組織を動かせなくても、個人として言論によって抵抗する道を歩む人もいる(378)。

本書で何度も引用してその専門知識と、人間心理への鋭い眼差しに学んできた荒川央氏は、自らのブログと著書を「分子生物学者、免疫学者としての私なりの小さなレジスタンス」だと振り返っていた(379)。こうした抵抗の精神が、個人の精神的独立を尊ぶ本来の民主主義の精神とも共鳴するものであることを確認しつつ、本書を閉じることにしたい。

【注】

(368)『紙の爆弾』による最も痛烈なメディア批判として、次のものを挙げておこう。浅野健一「停戦を遠ざける史上最悪の偏向報道　ロシア〝悪玉〟一色報道の犯罪」二〇二二年五月号、鹿砦社、一〇～一七頁。ワクチン問題についての記事にも、「ウィズ・コロナ」ならぬ「ウィズ・ワクチン」と呼べる頻回接種とその弊害を問う以下の原稿など、注目すべきものが少なからずある。阪本久義「ワクチン接種の是非を問う『超過死亡』との因果関係は?」二〇二二年一二月号、一二四～一二九頁。

(369)「ワクチン接種で重大薬害　一九七六年のアメリカで起きたこと　必読　医学は間違える、国も間違える　コロナのワクチンは大丈夫か」『週刊現代』講談社、二〇二〇年七月四・一一日付、五六～五九頁。「コロナ以上にリスクのある『人体実験』コロナワクチンを娘や息子に打たせてはいけない」同、二〇二〇年一〇月二四・三一日、五〇～五三頁。「このあと必ず大問題になる　コロナ後遺症か、ワクチン後遺症か」同、五二～五五頁。

(370)有村昆:「オリバー・ストーン監督が仰天　CIA情報提示した『ウクライナ・オン・ファイヤー』」二〇二二年三月一五日。https://www.tokyo-sports.co.jp/articles/-/162011

(371)こういった理論観は、「権威主義的ドグマ」としての古い真理観を乗り越え、「機能する仮説が真なるものである」「真なるものとは検証されたもののことを意味する」と論じたジョン・デューイのプラグマティズムに影響を受けている。Dewey.J., *Reconstruction in philosophy*, Anodos Books, 2019, pp. 71-72. 邦訳は、清水幾太郎・清水禮子訳『哲学の改造』岩波書店、一九六八年、一三七～一三九頁。

(372)「医療機関はコロナワクチン接種およびコロナ対策の補助金により大きな利益を上げています。しかしながら製薬会社の利益も元々は各国の国民の税金から来ています。お金の流れを知る権利も国民のものであり、お金の流れを追えば、コロナ騒動の背景も見えてくるのではないでしょうか」荒川央『コロナワクチンが危険な理由』花伝社、二〇二二年、二二一頁。

(373)この方針については、すでに言及した拙論で少し論じたことがある。「映画に学ぶウクライナ侵攻の前史　特に『ウクライナ・オン・ファイヤー』と『リヴィーリング・ウクライナ』を巡って」『人文×

社会』第六号、二〇二二年六月、第5節「所謂『陰謀論』の問題と、ウクライナ侵攻の日本への影響可能性」。

(374)本書でも頻繁に引用させていただいた「寺島メソッド翻訳NEWS」は、寺島隆吉氏が運営する国際教育総合文化研究所の研究員が翻訳実務に当たっているとのことだが、いずれにしても小規模な集まりである。本書でも度々引用した寺島氏の書物の副題である「アメリカとの情報戦に打ち克つために」という壮大な気概に、個人として学ぶところは多い（『ウクライナ問題の正体1』あすなろ社、二〇二二年。http://ieas.web.fc2.com/

(375)例えば、代表的なツイッター知識人であるTrilliana華氏が司会として主催した、以下の専門家による勉強会を挙げることができる。「【スペース】今こそ語ろうイベルメクチンの真実（Twitter会議）の概要：北里研究所：花木秀明、長尾和宏（町医者）、佐々木みのり（肛門科）、池澤孝夫（産婦人科）、浅村正樹（司会）」二〇二一年一一月二一日投稿（ニコニコ動画で「今こそ語ろうイベルメクチンの真実」で検索）。無論、たとえ自分が信頼している人であっても可謬的であるので、無条件に信奉していいわけではなく、自分の主体的判断を放棄してはならないのは、啓蒙の原理として、本来言うまでもないことであろう。

(376)荒川央『コロナワクチンが危険な理由』花伝社、二〇二二年、二二五頁。

コロナワクチンに否定的な論文が学会誌の査読を通りにくく、著者があえて「暗号」のようなわかりにくい書き方を選んで密かに警鐘を鳴らしている場合がありうる、という荒川央氏の解釈については、男性不妊に関する論文の意図をまさに「解読」している次の考察を参照。

「コロナワクチンと男性不妊：Andrologyに掲載された論文から」二〇二一年八月二日。

https://note.com/hiroshi_arakawa/n/ne9a56eb86213

(377)吉原、前掲書、一八五、二〇四頁。

(378)例えば、以下の全国紙記者による外部媒体への寄稿記事では、ワクチン後遺症問題に取り組み、記録映画も制作した長尾和宏医師らの活動に、光を当てている。林田英明「コロナワクチン後遺症に目を向けよ～医師・長尾和宏さん」『ＩＳＦ独立言論フォーラム』二〇二二年四月二日。
https://isfweb.org/post-830/
(379) 荒川、前掲書、七頁。

あとがき

本書は筆者にとって一冊目の著書になります。一冊の本を執筆するとは、一曲の交響曲を作曲するように、あるいは一つの生命体をつくるかのように、それぞれの部分が有機的に連関して躍動するように全体を構成することだろう、と想像していました。この認識の下、最大限努力しましたが、私の試みが成功したかどうかは、読者の判断に任せたいと思います。

本書はいわゆる学術書ではありませんが、「在野研究者」による問題提起として、ささやかながら、ウクライナでの戦争、コロナ禍・ワクチン禍とメディアの問題を巡る議論に、一石を投じるきっかけになることを願っています（在野研究については拙論「日本における在野研究の現状と可能性」、『日本の科学者』、日本科学者会議編、本の泉社、二〇二二年六月号、通巻六五三号、五二～五九頁、および荒木優太編『在野研究ビギナーズ　勝手に始める研究生活』、二〇一九年、明石書店、を参照）。

論じ残したことは多いですが、いくつか研究発表の機会をいただいていることもあり、今後の課題としたいと思います。

本書の刊行は多くの方のご理解とご協力により、実現しました。

まず感謝しなくてはならないのは、組織の後ろ盾や出版助成金が全くない無名の著者による一冊目の書籍を、企画出版で刊行するというご英断をくだされた本の泉社の浜田和子社長、およびご推薦いただきました新船海三郎元社長です。出版不況の中、決して読んで愉快ではない書物に価値を認めてくださったことに、大変な敬意を抱きました。

続いて感謝したいのは、本の泉社をご紹介くださった岩佐茂さん、および旧知の岩佐さんと再会するきっかけをつくってくださった東京唯物論研究会の皆さんです。内容的には、鬼頭孝佳さんが長時間にわたり助言をしてくれたことが、大きく改善に貢献してくれました。加えて、長い原稿を完成度が高くない段階からお読みいただき、有意義なコメントやご質問をお寄せいただいた明石英人さん、島袋海里さん、塩原俊彦さん、西田喜一さん、藤井基貴さんにも、改めてお礼を申し上げます。困難な時代において「反時代的考察」を敢行するにあたって、励みになりました。

それ以外にも、出版に向けて激励していただいたＩＳＦ独立言論フォーラムの皆さんと木村朗編集長、名古屋哲学研究会の皆さんと岩佐宣明事務局長、大学院時代から長年学問上のご教示を受けている森一郎さん、ウクライナ・コロナ両問題の先駆者たる寺島隆吉さん、高校時代の恩師である Robert Hofstetter 博士、いち早くネット情報を知らせてくれた母、大学院修了後も勉強を続けることを励ましてくれた父に感謝します。

なおご意見・ご感想をいただけるようでしたら、以下のメールアドレスにお寄せくださ い。また、本書の内容はすべて私個人の見解です。

elpis_eleutheria@yahoo.co.jp

●著者紹介
嶋崎　史崇（しまざき　ふみたか）

1984年生まれ。東京大学文学部卒、同大学院人文社会研究科修了（哲学）。MLA + 研究所研究員。これまでの主な論文は、以下を参照。
https://researchmap.jp/fshimazaki

ウクライナ・コロナワクチン
報道にみるメディア危機

2023年6月14日　初版第1刷発行

著　者　嶋崎　史崇

発行者　浜田　和子
発行所　株式会社 本の泉社
〒112-0005　東京都文京区水道2-10-9　板倉ビル2階
電話：03-5810-1581　Fax：03-5810-1582
mail@honnoizumi.co.jp　／　http://www.honnoizumi.co.jp

ＤＴＰ　田近　裕之
印刷　音羽印刷　株式会社
製本　株式会社　村上製本所

ISBN978-4-7807-2242-0　C0036